Couverture inférieure manquante

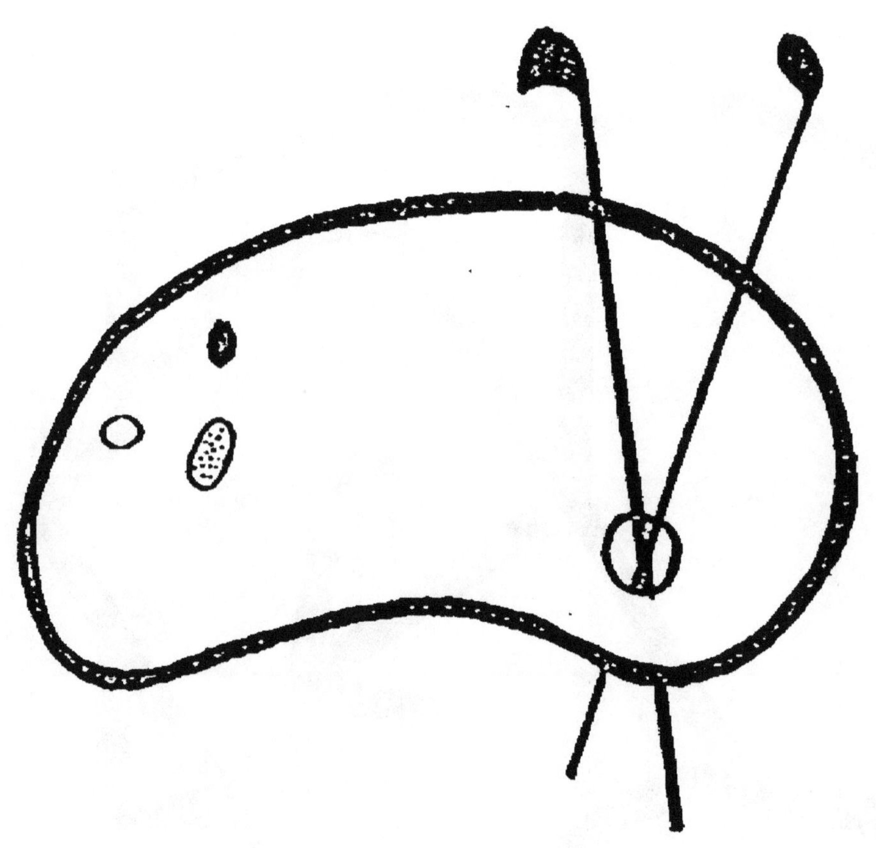

LOUIS PÉRIGAUD & STÉPHEN LEMONNIER

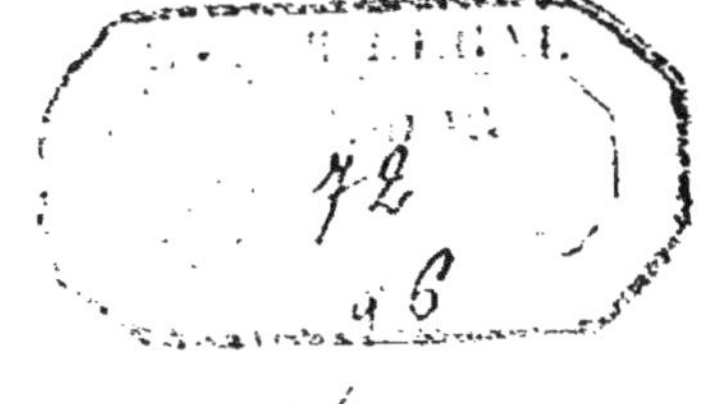

LA
Belle Grêlée

Drame en 5 actes & 7 tableaux

TIRÉ DU ROMAN D'**Alexis BOUVIER**

PARIS
PAUL OLLENDORFF, EDITEUR
28 *bis*, RUE DE RICHELIEU, 28 *bis*

1896

La Belle Grêlée

Drame en 5 actes & 7 tableaux

Représenté pour la première fois, à Paris, sur le théâtre de la République, (Château-d'Eau) le 10 décembre 1895.

Direction **Alph. LEMONNIER**

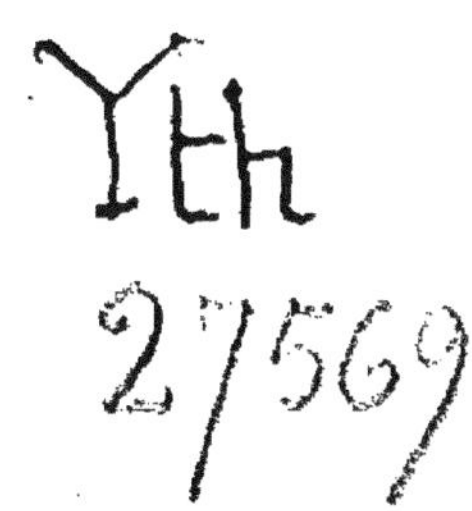

LOUIS PÉRICAUD & STÉPHEN LEMONNIER

LA
Belle Grêlée

Drame en 5 actes & 7 tableaux

TIRÉ DU ROMAN D'**Alexis BOUVIER**

PARIS
PAUL OLLENDORFF, ÉDITEUR
28 *bis*, RUE DE RICHELIEU, 28 *bis*

1896

PERSONNAGES

TÉNARD DE MARBY	MM.	TAILLADE.
MATHIEU DES TAILLIS		FRAIZIER.
JULOT		GRÉGOIRE.
EMILE AUBLET		MONCA.
OLIVIER DE MAYRAN		NORMAND.
MAITRE POULET		BOUR.
ARISTIDE DE FARGES		VALOIS.
LE CHEF DE LA SURETÉ		ANGEL.
DE CHAPET		FROMENT.
BOULONAIS		MALJOURNAL.
BÉBÉ		CHARLES.
GUEULE-EN-COEUR		PRIMARD.
LE TANNEUR		LEGRENAY.
UN COMMISSAIRE DE POLICE		GERMAIN.
RAISINÉ		CHALANDE.
PREMIER AGENT		GEORGES.
DEUXIÈME AGENT		PIERRY.
TAUPIN		PAUL DEGLY.
BADOCHE		BERNAY.
LOUIS		ROBLIN.
UN HUISSIER		BERNAY.
UN GARÇON de restaurant		LOUIS.
MADELEINE HUCHET	Mmes	R. LEMONNIER.
ELISE BOITEL		EMMA VILLARS.
AURÉLIE DE MARBY		MARGA LUCENA.
ANNETTE HUCHET		DORIANE.
MADAME CHARLES		DREYFUS.
BOULE-DE-SUIF		BLANCHETEAU.
TORPILLE		TORIN.
OMPHALE		DUBUARD.
FANFRELUCHE		NORVELLE.
CRAPOTTE		HENY.
JULIE, femme de chambre		MEDEAU.

La scène se passe en 1864.

Pour la mise en scène détaillée, s'adresser à M. GRÉGOIRE, régisseur général du Théâtre de la République.

LA BELLE GRÊLÉE

ACTE PREMIER

Nuit d'Amour.

La scène représente un salon chez le capitaine Ténard de Marby. A droite, table, sur laquelle jouent aux cartes Ténard et Aristide, tandis qu'Aurélie brode, assise sur le canapé à gauche. Une table à la droite et au-dessus du canapé. — Fenêtre ouverte au fond, formant balcon et qui laisse voir le faîte des arbres du jardin. Sur le balcon une chaise de jardin. Nuit au dehors. Porte d'entrée principale à gauche, pan coupé. Porte à gauche, premier plan; porte au deuxième plan droite.

SCÈNE PREMIÈRE

TÉNARD, ARISTIDE DE FARGES, AURÉLIE.

TÉNARD.

Tonnerre de Dieu!... ce bougre d'Aristide, a-t-il une chance!

ARISTIDE, souriant.

Vous trouvez, capitaine?

TÉNARD, prenant son écart.

Non! elle est bonne! L'entends-tu, Aurélie! Dire que c'est comme ça sept jours par semaine!.. non... vous verrez que la carte qu'il me faut ne rentrera pas!... tonnerre! (Il frappe sur la table.) On a beau être bon joueur, il y a de quoi se manger le sang!

AURÉLIE.

Hilaire! vous allez vous rendre malade!

TÉNARD.

Hein? quoi? je ne peux plus parler maintenant? sous le prétexte que le médecin me drogue et me raconte un tas de balivernes...

ARISTIDE.

Vous ne croyez pas aux médecins?

TÉNARD.

Le mien? un âne,... il se figure avoir affaire à un pékin!.. Ces lascars-là vous traitent comme ils feraient d'un photographe! un âne, je vous dis! et un âne bâté encore!

AURÉLIE.

Que vous envoyez chercher à propos de rien!...

TÉNARD, sans jouer.

C'est-à-dire, vous comprenez... On a beau être persuadé qu'ils ne savent rien, ces brutes-là, une fois par hasard ils pourraient tomber juste et faire cesser la douleur... moi d'abord je ne crois aux médecins que lorsque je souffre!

Il joue.

ARISTIDE.

Je voudrais bien n'y croire pas du tout, moi !... malheureusement j'y suis forcé. Ils ne peuvent pas se tromper sur mon compte.

AURÉLIE.

Encore vos idées, monsieur de Farges ?

TÉNARD, marquant.

La dernière quatorze !... quatorze en premier, c'est raide !... A moi. (Il donne les cartes.) Ma femme a raison... vous ne devriez pas penser à ça... Quoi ? qu'est-ce qu'il y a ?... Vos savants vous ont dit que vous claqueriez à la première émotion vive ?.. La belle affaire... ils m'en ont servi autant ! Laissez donc mon cher ami, vous êtes jeune et si j'étais à votre âge, ayant votre fortune et votre nom, ça n'est pas cela qui m'empêcherait de m'amuser... et ferme !

AURÉLIE.

M. de Farges ne nous fait pas ses confidences, mon ami... A vous entendre, on croirait qu'il vit comme un bénédictin.

DE FARGES.

Madame de Marby a raison, capitaine, et je n'accepte pas le brevet de chasteté que vous me décernez.

TÉNARD.

Eh ! bien et le temps ?.. la journée ? nous la passons ensemble à notre ministère, à lire le journal... les soirées, vous ne bougez pas d'ici.

DE FARGES, gêné.

Il est vrai que j'abuse un peu de votre hospitalité !..

TÉNARD.

Qu'est-ce que vous me chantez là ! puisque ça nous plaît de vous avoir ? Si ça ne nous convenait pas, soyez tranquille, on vous le ferait comprendre... bien que vous soyez mon chef de bureau !

DE FARGES.

Oh ! dites votre camarade...

TÉNARD.

Avant tout, mon chef !.. Ça paraît drôle quelquefois, bien sûr parce que j'ai cinquante-cinq ans et que vous en avez trente... que j'ai gagné ma croix sur le champ de bataille, tandis que vous avez eu le ruban comme rond-de-cuir... mais enfin vous êtes mon chef... et je ne m'en plains pas.

DE FARGES.

Vous êtes amer, ce soir, mon cher Ténard... Allons, à vous à écarter.

AURÉLIE.

Ne faites pas attention, monsieur de Farges,... il s'irrite pour un rien... mais il regrette ensuite ses écarts !

TÉNARD, qui écartait.

Je les regrette quand il ne me rentre rien !... Et il ne m'est rien rentré, tonnerre de Dieu !...

Il joue.

AURÉLIE, se levant et allant vers son mari.

Mon ami...

TÉNARD.

C'est vrai ! j'ai tort !.. embrasse-moi !.. (Il embrasse sa femme.) Voyez-vous, mon cher Aristide, dans la vie la première condition du bonheur, c'est de savoir mépriser l'opinion du monde..

DE FARGES.

Il faut en avoir le courage...

TÉNARD.

Et je l'ai eu, en épousant Aurélie.

AURÉLIE.

Mon ami, pourquoi revenir...

TÉNARD.

Quoi!.. Quel mal y a-t-il à le dire? Oui, on a tenté de m'empêcher de t'épouser... Les uns ont prétendu ceci, cela... des amourettes... des coquetteries. D'autres disaient : comment, avec votre retraite de capitaine, vous voulez vous mettre sur les bras une femme jeune, jolie, nécessairement dépensière et coquette! (comptant.) A vous de donner.

DE FARGES, donnant les cartes.

Ceux-là ne connaissaient pas madame!

TÉNARD.

Ils avaient raison au fond; car avec Aurélie, il a fallu prendre sa sœur, la Grêlée..

DE FARGES.

C'est là une bonne action.... ne la regrettez pas!

TÉNARD.

Je ne regrette rien... c'est fait, c'est fait... Quoique cette petite souillon ne soit bonne à rien, qu'à manger, boire et dormir..

Ils jouent.

DE FARGES.

Vous êtes injuste... c'est une bonne et vaillante créature...

TÉNARD.

Un monstre! physiquement et moralement... demandez plutôt à Aurélie ! Ne m'as-tu pas dit souvent toi-même.... ?

AURÉLIE.

Mais, mon ami, ma sœur n'avait plus que moi au monde.

TÉNARD.

Je le sais de reste.,. Seulement elle pourrait chercher à se rendre utile... si elle n'est pas agréable.

DE FARGES.

Elle est encore bien jeune !...

TÉNARD.

Pas pour le vice ! Allons bon ! j'ai perdu ! Va te faire foutre, les cartes !.. Ah !.. si celle-là finit un jour par faire la noce, nous pourrons nous en laver les mains ; car elle n'aura eu que de bons exemples sous les yeux. Nous n'aurons rien à nous reprocher. Mais le monde, ce vieux mouchard qui s'occupe tant de ce qui ne le regarde pas...

AURÉLIE.

Que voulez-vous dire ?

TÉNARD.

Parbleu !.. Qu'on m'a écrit des lettres... pas signées naturellement... Des lettres qui me disaient... Vous avez un ami bien jeune pour être aussi souvent auprès d'une femme qui a trente ans de moins que vous !

DE FARGES.

Ténard...

TÉNARD, riant.

Ça vous étonne qu'on dise cela ?.. Moi pas... mille millions de millions.

Il donne un coup de poing sur la table.

AURÉLIE.

Oh! vous êtes d'une brutalité...,

Elle regagne sa place.

DE FARGES, se levant.

Mon cher Ténard... après ce que vous venez de dire, je ne sais si mon devoir n'est pas de vous souhaiter le bonsoir, et de ne plus remettre les pieds chez vous.

AURÉLIE.

Vous le voyez, Hilaire, vous avez blessé M. de Farges.

TÉNARD, se levant.

De Farges n'est pas assez sot pour prendre tout cela au sérieux! nous causons... si on ne peut plus causer, alors!.. Et cette grêlée... où est-elle encore fourrée?

ARISTIDE.

C'est vrai, on ne l'a pas vue depuis le dîner.

Il se rassied.

TÉNARD.

Et je n'ai pas de tabac... et mademoiselle, à qui je demande de bourrer ma pipe!.. et qui, si elle ne pensait pas à galvauder devrait prendre goût à toutes ces attentions, bien dues en somme à l'homme qui la nourrit... Mademoiselle est en train de ronfler sur son fourneau de cuisine... à brûler de la lumière pour rien! (Appelant.) Lise!.. Lise!.. va te faire fiche!.. la gueuse est sortie... Si elle pouvait ne pas rentrer... Ce n'est pas moi qui irais la chercher!

DE FARGES, qui a pris un journal et le parcourt.

Tiens! Ministère de la justice. Au grade de commandeur, est nommé M. Mathieu des Taillis, premier président de chambre.

TÉNARD.

Eh! bien, ça me fait plaisir!... Tu sais, Aurélie, M. des Taillis.

AURÉLIE.

Oui, oui, mon ami.

DE FARGES.

Des Taillis?... N'est-ce pas ce magistrat qui a conduit les débats de l'affaire...

TÉNARD.

Emile Aublet... oui... nous vous avons conté cela... Ah! il a de la poigne, ce bougre de gaillard-là... te le rappelles-tu, Aurélie?

AURÉLIE.

Mon ami, pourquoi revenir sur ce sujet?

TÉNARD.

Pourquoi?.. Mais parce qu'on en parle.

DE FARGES, regardant Aurélie.

Cet homme s'était introduit dans votre maison pour voler...

TÉNARD.

Comment! dans ma maison. Mieux que cela, mon cher Aristide! Dans la chambre de ma femme!

AURÉLIE, gênée, se levant.

Lise m'inquiète à la fin.

TÉNARD.

C'est qu'il était armé, le gredin! sur lui on a trouvé un de mes pistolets, la plupart des bijoux de ma femme... J'enverrai ma carte à M. Mathieu des Taillis.

SCÈNE II

LES MÊMES, ÉLISE.

Élise entre timidement par la gauche pan coupé.

TÉNARD.

Ah ! Enfin te voilà, toi ! d'où viens-tu encore, vagabonde?

ÉLISE.

Moi... mais...

TÉNARD, s'emportant.

Tu crois que cela va se passer comme ça ! Tu crois que je vais te laisser afficher ma maison... Tout Auteuil te connait et me plaint de t'avoir pour belle-sœur, une trainée qui déshonore mon intérieur !

AURÉLIE.

Mon ami !

TÉNARD.

Tu vas prendre sa défense, aujourd'hui !... Eh ! bien, vas-tu répondre ?

ÉLISE.

Je vais vous dire...

TÉNARD.

Ah ! ce n'est pas l'aplomb qui te manque !... tu n'es pas embarrassée pour fabriquer des histoires de toutes pièces, toi ! petite gueuse !

DE FARGES.

Mon ami, laissez-la s'expliquer !

TÉNARD.

Alors, vous trouvez que je n'ai pas assez de patience ! voilà un quart d'heure que j'attends ses explications, elle aime mieux ne rien dire, afin de me laisser m'emporter, mille millions de...

DE FARGES.

Ténard, calmez-vous, je vous prie...

TÉNARD.

Oui... vous ne pouvez assister à des scènes violentes... Ça vous remue la rate, vous n'aimez pas les cris. Je comprends ça ! aussi vous voyez que je me contiens... pour vous ! Mais je vous demande un peu le moyen de ne pas crier quand un petit torchon comme ça...

ELISE.

J'étais allée vous acheter du tabac.

DE FARGES.

Là ! vous voyez ! elle s'occupait de vous.

TÉNARD.

Oui... je ne dis pas... c'est une raison... mais pourquoi me faire languir une heure avant de m'expliquer !

Dix heures sonnent à la pendule.

AURÉLIE.

Il est dix heures, Hilaire...

DE FARGES.

C'est vrai, ma foi !

TÉNARD.

Hop ! la Grêlée... le chapeau, la canne d'Aristide !

Elle apporte les objets demandés.

DE FARGES.

Merci, mademoiselle !

TÉNARD.

Bien bonne ! Ah ! ah ! ah ! mademoiselle... dis donc, Lili... il appelle la Grêlée, mademoiselle... As-tu entendu... farce ! très farce !...

AURÉLIE.

Je vais vous préparer votre potion...

TÉNARD.

Mon opium... oui... et tu sais, ne te trompe pas de dose ! Allons, toi, reconduis M. de Farges.

DE FARGES, à Amélie.

Madame !

AURÉLIE.

Monsieur !

ÉLISE.

Je passe devant, monsieur Aristide.

DE FARGES.

Je vous en prie, mademoiselle...

Ils sortent pan coupé gauche.

TÉNARD.

Non... c'est à se tordre... regardez ce chiffon-là qui fait de la coquetterie comme une personne naturelle ! (Riant.) Ah ! la sale gosse !

SCÈNE III

TÉNARD, AURÉLIE.

AURÉLIE, préparant la potion sur le guéridon, près du canapé.

Elle aura dix-huit ans bientôt... vous la traitez toujours en petite fille!

TÉNARD.

Eh bien, qu'est-ce que tu veux dire par là?

AURÉLIE.

Je veux dire qu'il ne serait pas impossible qu'elle éprouvât pour M. de Farges, plus que de l'amitié...

TÉNARD.

Manquerait plus que ça!...

AURÉLIE.

Oh! un rêve de jeune fille...

TÉNARD.

Une jeune fille ne doit rêver qu'à sa famille! Lise devenant madame la vicomtesse de Farges... Quelle bonne blague!...

AURÉLIE.

Oh! lui n'y songe pas sans doute...

TÉNARD.

Lui!... il songe à ses palpitations. Tout de même le trac le tient, depuis qu'on lui a dit qu'il s'éteindrait comme une chandelle.

AURÉLIE.

Il est à plaindre...

TÉNARD.

Oui... oui... à plaindre !... Ma potion est prête... si je fumais une pipe ?...

AURÉLIE.

Hilaire, soyez raisonnable... rentrez dans votre chambre ! Je sens, moi-même, que j'ai besoin de repos...

TÉNARD.

Bien... bien... ne gronde pas... J'obtempère... sans murmurer... Adieu, poulette.

AURÉLIE.

Et surtout, éteignez de suite... Avec votre habitude de fumer, étant couché, je suis dans les transes...

TÉNARD.

Le feu ?... ça me connait, le feu... A Palestro, poulette, je l'ai vu le feu, et de près... et mes moustaches n'ont pas roussi ! Bonne nuit.

Il sort par la gauche, premier plan.

SCENE IV

AURÉLIE, ÉLISE.

AURÉLIE, seule.

Que fait donc Lise ?

ÉLISE, rentrant.

Tiens ! voici ce que l'on m'a remis à la poste restante.

Elle tire une lettre de son corsage.

AURÉLIE.

Donne... donne vite...

ÉLISE.

C'est donc mal ce que tu fais, que tu te caches de ton mari ?...

AURÉLIE, hausse les épaules.

Pas le moins du monde, c'est au contraire de son bonheur qu'il s'agit... mais il est si susceptible... si emporté...

ÉLISE.

Oh ! ça, j'en sais quelque chose !...

AURÉLIE, après avoir hésité.

Cette lettre est de M. Mathieu des Taillis... qui est très influent auprès de l'Empereur et peut faire obtenir à M. de Marby l'avancement qu'il est trop timide pour solliciter lui-même... comprends-tu maintenant ?

ÉLISE.

Oui !

AURÉLIE, sèchement.

C'est heureux... (Elle a parcouru la lettre.) M. Mathieu des Taillis me répond que je puis compter sur lui. Hilaire est bien noté... et sa situation sera améliorée sous peu.

ÉLISE.

Il va être content quand il saura que c'est à toi qu'il doit son avancement.

AURÉLIE, avec colère.

Imbécile, ne t'avise pas de le lui dire ! (Câline.) Voyons, ne comprends-tu pas qu'avec son orgueil de soldat, Hilaire ne supporterait pas l'idée qu'il me doit quelque chose. Il faut qu'il ne voie là qu'une justice rendue à son mérite...

ÉLISE.

Il faudra au moins qu'il remercie ce monsieur qui s'est occupé de lui !...

AURÉLIE.

Ce soin me regarde... Maintenant va reposer et surtout sois discrète.

ÉLISE, allumant sa bougie.

Oh ! ne crains rien... ton secret est bien gardé... (Revenant à sa sœur.) Mais... Comment as-tu connu ce monsieur?

AURÉLIE.

... Mathieu des Taillis ?... lors du procès Aublet... tu étais trop jeune il y a cinq ans, pour te souvenir de cela...

ÉLISE.

Oh ! que si... Je me le rappelle bien.

AURÉLIE.

Ce bandit n'avait-il pas imaginé, à l'audience pour se disculper... de dire que j'étais... sa maîtresse !

ÉLISE.

Toi !

AURÉLIE.

Oui, et sans Mathieu... sans M. Mathieu des Taillis veux-je dire, ses accusations pouvaient me déshonorer...

ÉLISE.

Oh !... qui eût ajouté foi à ses paroles !...

AURÉLIE.

Tu ne connais pas Hilaire !... Il m'eût tuée. Enfin

M. des Taillis présida les débats de telle sorte, que le misérable ne put établir son odieux système de défense, — et il fut condamné à dix ans de réclusion...

Elle va à la fenêtre.

ÉLISE.

Le malheureux !...

AURÉLIE, railleuse.

Oui... bien à plaindre!... un malfaiteur qui m'eût peut-être assassinée s'il n'eût été surpris...

ÉLISE.

Il n'avait pas l'air méchant, pourtant!... je me souviens... quand Hilaire le tenait, dans la salle à manger en bas... je m'étais faufilée parmi les gens de police... il te regardait avec des yeux si suppliants... Il ne m'a pas fait peur, à moi!...

AURÉLIE, gênée.

Allons! va te reposer!

ÉLISE, l'embrassant.

Bonne nuit !

AURÉLIE.

Et surtout, sois discrète...

ÉLISE.

Je ne suis plus une petite fille, va!

Elle sort par le pan coupé gauche.

SCÈNE V

AURÉLIE, seule.

J'ai cru qu'elle ne s'en irait pas... (Reprenant la lettre.) Ce Math! toujours amoureux! (Lisant.) « In-

» discrète... toi! tu sais bien, mon cher amour, que » je ne sais rien te refuser et depuis trois ans que » tu me fuis, j'attendais ardemment l'occasion de » te prouver une fois de plus mon dévouement!... De» mande... demande toujours... je ne saurai rien te » refuser! » Oui, il m'aime, ce bon Mathieu et je ne dois pas le négliger, car on ne sait ce qui peut arriver... (Elle brûle la lettre et baisse la lampe.) Hilaire est endormi... Il a bu son breuvage...

Elle va à la fenêtre et revient en scène.

SCÈNE VI

AURÉLIE, DE FARGES.

DE FARGES, escaladant la fenêtre, court à Aurélie et la prend dans ses bras.

Mon cher cœur!... je mourais d'impatience de te voir!...

AURÉLIE.

Lise n'en finissait pas avec son bavardage.

DE FARGES.

Pauvre enfant!... elle ne se doute de rien?

AURÉLIE.

Elle est bien trop innocente...

Ils s'asseyent sur le canapé.

Moi aussi j'avais hâte de te voir... de me trouver seule avec toi... de te parler!... Toute la soirée tu m'as paru souffrir...

DE FARGES.

J'ai été très mal aujourd'hui!

AURÉLIE.

Qu'as-tu ?

DE FARGES.

Rien... c'est singulier, mais il suffit de tes caresses pour me rendre fort !... Ici, près de toi dans ce silence délicieux, au milieu de cette obscurité, le cerveau tout plein de parfums que les fleurs m'ont jetés en venant, je suis le plus heureux des hommes. Tu m'aimes ? N'est-ce pas ?

AURÉLIE.

Si je t'aime! En peux-tu douter ?... Quelle preuve plus grande saurais-je t'offrir de mon amour que ta présence ici ?

DE FARGES.

C'est vrai... pardonne-moi...

AURÉLIE.

Mon amour, je te l'ai donné... ma vie, je te l'ai confiée!... C'est elle que je joue chaque nuit où tu viens... Tu l'as encore entendu ce soir... ces allusions qu'il fait sans cesse aux médisances du monde. Il y a des fois où j'ai peur !..

DE FARGES.

Je t'ai dit déjà que le jour où tu te sentirais menacée... il ne faudrait pas attendre le scandale ; tu fuirais avec moi et nous pourrions alors nous aimer sans toutes ces craintes, toutes ces hypocrisies qui me pèsent plus qu'à toi. (Il tombe à genoux.) Allons, chasse ces vilaines pensées, chère adorée ; moi présent, tu n'as rien à redouter... tu le sais bien...

Il l'embrasse.

AURÉLIE, se dégageant.

Je vais allumer dans ma chambre... car nous

nous volons des minutes d'amour en ce moment ! attends-moi !

Elle lui envoie un baiser et sort à droite.

SCÈNE VII

DE FARGES, seul.

Chère Aurélie ! (Après un silence.) Avais-je le droit de détourner de ses devoirs cette femme si aimante, si dévouée ! Avais-je le droit d'accepter qu'elle me donnât sa vie ?... Mais aussi, suis-je le seul coupable ? Et lorsque ce mari brutal, qu'une ironie du sort a uni à cette délicieuse créature, lorsque cet homme, malgré moi, me contraignait presque à pénétrer dans son foyer ; lorsque, dans le regard de cette femme si charmante, je lisais que cet aveu serait pour elle la délivrance d'un odieux esclavage... n'ai-je pas tout tenté pour fuir cette liaison coupable ? J'aurais dû être plus fort que je ne l'ai été, m'éloigner de cette maison, où je rencontrais les deux seuls êtres que j'aie jamais aimés... Aurélie, amante si parfaite et si captivante !... Lise cette malheureuse enfant rudoyée par ce butor !... Lise, être innocent que j'aime comme si nous étions du même sang ! (Il s'assied sur le balcon et après un silence.) Ah ! la belle soirée ! Cependant l'atmosphère est lourde ce soir ! On ne respire pas ! (Il se lève.) Ah ! mon Dieu... qu'ai-je donc ?... à moi !... qu'allais-je faire ?... appeler... quand il est là... Ah ! j'étouffe... Aurélie... Aurélie... je meurs... Ah !...

Il retombe sur la chaise placée sur le balcon.

SCÈNE VIII

AURÉLIE, revient vêtue d'un peignoir, les cheveux dénoués ; après l'avoir cherché du regard, elle va au balcon et se penche sur l'épaule de de Farges.

Eh! bien, il n'est plus là. Ah! sur le balcon, quelle imprudence!... (Elle l'embrasse.) Oh! le méchant... il boude sa Lili... qui s'est faite belle pour lui!... tu dors? Aristide... réponds-moi... (Elle l'embrasse.) Ah! mon Dieu... il est évanoui!... (Elle se penche sur de Farges.) Aristide, reviens à toi... Aristide!... (Elle met sa main sur le cœur.) Rien, pas un battement... (Elle soulève un bras qui retombe.) Mon Dieu, s'il était mort!... Ah! je suis folle... voyons..! Aristide... Aristide, parle-moi... je t'en supplie. Mort! Il est mort! (Relevant la tête, hébétée.) Je suis perdue!...Que faire?... Ah!... (Elle court appeler à la porte du pan coupé gauche.) Lise?... Lise?...

LISE, en dehors.

Me voici, que veux-tu?

AURÉLIE.

Viens... viens vite... (Elle rentre en scène.) Mon Dieu! mon Dieu! mort!... mort!... Que vais-je devenir?...

SCÈNE IX

AURÉLIE, ÉLISE.

ÉLISE, en costume de nuit.

Qu'y a-t-il donc?... tu n'es pas couchée?

AURÉLIE.

Ah! Lise! un malheur épouvantable!

ÉLISE.

Dis-moi vite.

AURÉLIE, la conduisant au balcon.

Regarde!...

ÉLISE.

Aristide! c'est...

AURÉLIE.

Oui... mort!...

ÉLISE.

Mort!... que dis-tu donc?... mort! lui... ce n'est pas possible!... (Allant à de Farges.) Aristide?... Monsieur de Farges!... mon Dieu!... rien!... pas un souffle!... son front a déjà la froideur du marbre!...

AURÉLIE.

Tu le vois, je ne me trompais pas!

ÉLISE.

Mais... comment est-il ici à cette heure?

AURÉLIE, avec emportement.

Eh! Parbleu... parce qu'il était mon amant!

ÉLISE.

Ton amant!

AURÉLIE.

Oui...

ÉLISE.

Oh! lui! lui!

AURÉLIE.

Ah! je sens que je deviens folle!... ne m'abandonne pas !... Oui... je suis coupable... j'ai manqué aux devoirs les plus sacrés!... mais j'en suis punie, va !... Mort! mon Dieu! mon Dieu !...

ÉLISE.

Ton amant! lui!

AURÉLIE.

Eh! oui... mon amant!

Elise, agenouillée, embrasse une des mains d'Aristide.

AURÉLIE.

Le jour va venir! S'il est encore ici dans une heure, je suis perdue!

ÉLISE, naturellement.

Oui. Hilaire te tuera!

AURÉLIE.

Mais je ne veux pas mourir, moi. Je veux vivre, entends-tu... et je veux me sauver.

ÉLISE.

Que faire?

Elle redescend en scène.

AURÉLIE, sur le balcon.

Referme cette fenêtre sur moi, et attends!...

Elise referme la fenêtre. Aurélie disparait aux yeux du public.

ÉLISE, tombant accablée sur une chaise du fond.

Ah! quel épouvantable malheur! Je ne comprends pas ce qu'elle va faire!... Aristide! si bon!... si généreux pour moi!... Mort! ah! me voilà bien seule au monde!...

La fenêtre du fond se rouvre précipitamment. Le corps de de Farges a disparu.

AURÉLIE.

C'est fait!... Et maintenant... (Elle renverse des chaises, jette à terre le guéridon, brise une vitre, déchire son peignoir tout en appelant à l'aide.) A moi! au secours! à moi! Mais personne ne viendra donc?

Elle tombe sur le tapis.

ÉLISE, se précipitant vers elle.

Aurélie! je t'en supplie! ton mari va entendre! Aurélie!

La porte de Ténard s'ouvre et le capitaine paraît en manches de chemise, un revolver à la main.

SCÈNE X

AURÉLIE, ÉLISE, TÉNARD.

TÉNARD.

Qu'y a-t-il? (Voyant Aurélie évanouie.) Aurélie! évanouie... blessée peut-être!... (Il court à la fenêtre.) Ah! là...

Il tire, puis sort et s'enfuit par le pan coupé gauche. — Bruit au dehors.

ÉLISE.

Aurélie... reviens à toi... Hilaire t'a entendue!... Sur qui a-t-il tiré?

AURÉLIE, se relevant, sombre.

Sur le cadavre, parbleu!

ÉLISE.

Que s'est-il passé? Où est le corps d'Aristide?

AURÉLIE.

Mais tu n'as donc rien compris? Je te dis que cet homme sur lequel le capitaine a tiré...

ÉLISE.

Eh bien?

AURÉLIE.

C'est sur lui! précipité au bas du balcon, là, par moi.

ÉLISE.

Oh! mon Dieu! Et tu as crié à l'assassin... c'est toi qui as donné l'éveil!

AURÉLIE, impatientée.

Tu comprendras... Maintenant, quoi que je dise, quoi que je fasse, ne me démens pas!

ÉLISE.

Non!... mais je voudrais savoir...

AURÉLIE, l'attirant à elle.

Ecoute : tu es libre, toi, tu n'as à rendre de comptes à personne... C'est pour toi que M. de Farges sera revenu ici, cette nuit!

ÉLISE.

Pour moi... oh! tais-toi... tais-toi!

AURÉLIE.

Tu me refuses?

ÉLISE.

Hilaire a déjà pour moi tant de haine!

AURÉLIE.

Alors, c'est toi qui me tues, c'est bien simple.

ÉLISE, essuyant ses larmes.

Non! non! Tout ce que tu voudras!

AURÉLIE, revient à elle et l'embrassant.

Oh! merci... merci, mon bon petit cœur! Je te dois la vie! (Ecoutant.) Tais-toi, on vient!

Elle s'assied sur le canapé et reste comme accablée.

SCÈNE XI

AURÉLIE, ÉLISE, TÉNARD, LE COMMISSAIRE,
LE SECRÉTAIRE DU COMMISSAIRE.

TÉNARD, entre suivi des deux fonctionnaires. Il regarde sa femme d'un air féroce, puis dit à Élise.

Va t'habiller, toi! Tu n'es pas honteuse de te montrer ainsi!

Elle sort pan coupé gauche.

LE COMMISSAIRE, s'avançant.

Madame...

TÉNARD, se contenant.

Monsieur le commissaire... permettez-moi d'abord de dire deux mots à ma femme!... (Il s'avance près d'Aurélie, se croise les bras.) Madame... avez-vous reconnu l'homme qui s'est introduit, ici, cette nuit... l'homme que je viens de tuer?

AURÉLIE, simplement.

Oui... c'est M. de Farges.

TÉNARD.

Tu le savais... Ah! misérable!

Il lève la main.

LE COMMISSAIRE, intervenant.

Pardon, monsieur, j'ai le devoir d'interroger madame.

TÉNARD.

Oui! oui!... vous avez raison!... je sens que je... Interrogez!...

LE COMMISSAIRE.

Voulez-vous me dire, madame, ce qui s'est passé?...

AURÉLIE, jouant l'accablement.

Oui, monsieur.

LE COMMISSAIRE.

Je vous écoute.

AURÉLIE.

J'avais laissé cette fenêtre entr'ouverte, maintenue seulement par l'espagnolette... Tout à coup je fus éveillée en sursaut... Je me levai, et, de la porte de ma chambre, j'aperçus un des battants grand ouvert!... je crus à un orage, à un coup de vent... et je vins jusqu'ici pour refermer la fenêtre... un homme se dressa devant moi!... j'étais presque nue! Je voulus crier, appeler mon mari... la voix s'éteignit dans ma gorge... L'homme venait d'enjamber l'appui de la fenêtre, il allait sauter dans le salon... Je me précipitai sur lui, en criant : « au secours! » Je le repoussai, il bascula et retomba dans le jardin. J'avais crié à l'assassin, au moment où il avait essayé de me mettre la main sur la bouche, pour m'empêcher d'appeler; c'est dans ces quelques secondes que j'ai reconnu M. Aristide de Farges!... Mais toute l'énergie que j'avais dépensée en cette seule minute avait usé mes forces... Je me cramponnai à la barre d'appui pour ne pas tomber... épouvantée, écrasée. J'ai perdu connaissance et j'ignore ce qui s'est passé depuis.

LE COMMISSAIRE.

Mais vous avez été blessée par cet homme?

AURÉLIE.

Non, monsieur, non... à peine ai-je senti sa main

sur mon épaule... C'est en me reculant épouvantée... quand je l'ai vu tomber dans le vide... que mon épaule a brisé la vitre de la fenêtre .. j'ai été blessée par les éclats.

TÉNARD, va à Aurélie, lui prend la tête qu'il presse contre sa poitrine et l'embrasse, très ému.

Allons, j'étais fou! Je t'ai soupçonnée... pardonne-moi, Aurélie, pardonne-moi!

LE COMMISSAIRE.

Excusez-moi, monsieur, si j'insiste...

TÉNARD.

Eh bien! tout n'est-il pas fini? Après les explications si claires de madame de Marby, il me semble...

LE COMMISSAIRE.

Il reste un point inexpliqué!... puisque, d'après ce que vous m'avez dit, votre ami avait accès dans votre maison; il reste à connaître la raison de cette tentative nocturne...

TÉNARD, soupçonneux, regardant Aurélie.

En effet...

AURÉLIE, très digne.

Si M. de Farges avait osé lever les yeux sur moi, s'il avait manifesté le moindre sentiment d'amour, M. Ténard de Marby, mon mari, en eût été informé aussitôt et je l'eusse prié de lui interdire notre maison.

TÉNARD.

Bien!... Très bien!

LE COMMISSAIRE.

Je n'insiste pas, madame... et cependant je conçois peu qu'un homme bien élevé, raisonnable, se livre sans motif apparent à une tentative aussi extravagante!

AURÉLIE.

Peut-être M. de Farges comptait-il rencontrer ici une autre personne?

TÉNARD.

Quelle personne?

AURÉLIE.

Depuis quelque temps, j'avais observé que M. de Farges, en venant chez nous, remarquait ma jeune sœur et s'occupait constamment d'elle.

TÉNARD.

Qu'est-ce que tu dis là?

AURÉLIE.

Ils se parlaient bas, croyant que je ne les voyais pas.

TÉNARD.

Et tu ne m'as rien dit.

AURÉLIE.

Je ne t'ai rien dit parce qu'Élise va sur ses dix-huit ans, que croyant M. de Farges un honnête homme, un loyal ami, je supposais qu'il était dans l'intention de demander sa main...

TÉNARD.

Epouser... ce torchon-là. Ah! ouich!

LE COMMISSAIRE.

Continuez, madame...

AURRLIE.

Souvent, lorsque M. de Marby est indisposé...

TÉNARD.

Seize campagnes... les fièvres... vous comprenez...

AURÉLIE.

Je repose auprès de lui, sur un petit lit de fer...

TÉNARD.

Pourquoi racontes-tu tout ça à M. le commissaire?

AURÉLIE.

M. de Farges, sans doute instruit par Élise, devait profiter de ces instants pour venir chez elle... Le hasard ayant voulu que ce soir la fenêtre ne fût pas fermée, le pauvre garçon a dû croire qu'un signal lui était donné et il a escaladé l'espalier...

LE COMMISSAIRE.

Cela me parait très logique, madame, et vous avez assurément trouvé l'explication vraie.

TÉNARD.

Comment! Cette fille que j'ai accueillie par charité, que je suis forcé de voir chaque jour à ma table : car elle mange à ma table!... cette petite gueuse... amenait le vice chez moi?... Ah! le pauvre garçon!... Il est mort, respect à sa mémoire! mais c'était un fier imbécile! Un singe comme ça!

AURÉLIE.

Mon ami...

LE COMMISSAIRE.

Puis-je voir cette jeune fille?

TÉNARD, allant à la porte de gauche, pan coupé.

Comment?... Mais oui, vous allez la voir. (Appelant à la porte du pan coupé gauche.) Elise! allons, ici, vivement!

ÉLISE, rhabillée entre et va se placer, craintive, près d'Aurélie.

Que me me voulez-vous, Hilaire?

TÉNARD, brutalement.

Ainsi... Aristide de Farges était ton amant?

ÉLISE, avec force.

A moi?

Un regard de sa sœur la retient. Tout à coup, elle éclate en sanglots et pleure la tête dans ses mains.

TÉNARD.

La petite misérable! Elle ne se défend même pas! Eh bien, tu vois ton ouvrage, espèce de...

Prêt à la frapper.

LE COMMISSAIRE, le retenant.

Monsieur!...

TÉNARD.

Quand on pense que cette petite saleté-là est cause de la mort d'un homme!...

ÉLISE.

Mais, défends-moi donc, toi, ma sœur!..

TÉNARD.

Te défendre, gueuse!... Demain, tout le monde saura quelle créature j'ai recueillie chez moi!

ÉLISE, à Aurélie.

Et tu ne dis rien?...

AURÉLIE.

Que veux-tu que je te dise?...

TÉNARD.

Quoi... Que pourrait-elle dire?

ÉLISE.

Ah! tenez!... vous êtes tous des misérables!... Il

n'y avait ici de bon, d'honnête, que le pauvre mort!... Et vous n'avez pas une larme pour lui!... pas un regret! Vous ne songez qu'à accuser! Toi, toi, ma sœur, tu me laisses traiter par cet homme comme la dernière des dernières, quand tu sais... Ah! adieu! adieu!

Elle sort affolée, pan coupé gauche.

LE COMMISSAIRE.

Où va-t-elle, la malheureuse?

TÉNARD.

Qu'elle aille au diable! et qu'elle y reste!

AURÉLIE, à part.

Je suis sauvée!

LE COMMISSAIRE.

Il y a là un mystère... C'est à voir!...

Rideau.

ACTE DEUXIÈME

—

DEUXIÈME TABLEAU

A l'auberge du Vincent z'haut !

Le décor représente le jardin du cabaret de la mère Madeleine, sur les rives de la Seine à Suresnes. A gauche, l'habitation. Au fond, la porte d'entrée des jardins ; au delà, le fleuve avec canots amarrés, mâts sur les berges, à l'occasion des régates. A droite, tonnelles ; nombreuses tables et tabourets.

SCÈNE PREMIÈRE

A une table de gauche, BOULONAIS, BÉBÉ, KIFKIF, TAUPIN, BARBILLON, tous petits; TORPILLE, OMPHALE et TROIS AUTRES FEMMES, toutes grandes. — A une table de droite GUEULE-EN-CŒUR, LE TANNEUR, RAISINÉ, et DEUX AUTRES CANOTIERS, très grands; FANFRELUCHE, BOULE-DE-SUIF, CRAPOTTE, etc., très petites; CANOTIERS et CANOTIÈRES aux autres tables.

Au lever du rideau, grande animation. Les garçons et les servantes vont, viennent, d'une table à l'autre; rentrent et sortent dans le cabaret. On boit, on chante, on frappe sur les tables.

BOULE-DE-SUIF.

A boire!... j'ai la pépie!

RAISINÉ.

Ce n'est pas une femme que cette Boule-de-Suif, c'est une éponge!

FANFRELUCHE.

Toi, Raisiné, garde ton esprit pour les vers de tes devises.

CRAPOTTE.

J'aurais aimé avoir un poète pour amant, moi, et lui inspirer des chefs-d'œuvre.

FANFRELUCHE.

C'est ça... fais-lui une déclaration... pendant que tu y es.

BOULE-DE-SUIF.

Ça va-t-il la poésie, cette année, monsieur Raisiné?...

RAISINÉ.

Heu!... un peu... grâce à la confiserie!...

CRAPOTTE.

C'est vrai, vous travaillez plus particulièrement pour les confiseurs.

LE TANNEUR.

Pour le premier fabricant de papillotes de Paris et pas plus fier pour ça... (*Déclamant.*)

Des vers il a le vertigo
Du chocolat juqu'au Congo.

On rit.

BOULE-DE-SUIF.

Il y a trop de morte-saison dans ce métier-là... j'aime mieux la braise!

BOULONAIS, à l'autre table.

Ah! non! ah! non!... vrai, ce que c'est tannant d'avoir une femme jalouse!...

TOUS.

Oh! Pas de scène, hein!

OMPHALE.

Si tu crois que je ne t'ai pas vu faire de l'œil a cette Boule-de-Suif!... On te connait, va, Boulonais.

BOULONAIS, haussant les épaules.

Tiens, voilà ce que tu me fais faire!

OMPHALE.

Dieu! que les hommes sont idiots!...

BÉBÉ.

Eh! là-bas... dites donc, parlez pour lui!...

TORPILLE, se levant.

Omphale a raison... nous sommes bien bêtes de nous contenter de robes d'indienne quand nous pourrions avoir comme ces filles des toilettes ébouriffantes.

BÉBÉ.

Dis donc, toi, hé, mamzelle 89!...

BOULONAIS.

Bravo!..

OMPHALE.

Ça n'empêche pas que ces demoiselles de la *Fulgora* nous éclaboussent...

BOULONAIS.

Laissez-vous éclabousser!... et comme les honnêtes femmes qui vont à pied, regardez ces créatures du haut de votre mépris !...

BOULE-DE-SUIF, se lève.

Eh! là-bas, vous, le ouistiti... faudrait pas nous ravaler!...

OMPHALE.

Il n'y a que la vérité qui offense!

BOULE-DE-SUIF.

A-t-on jamais vu ces rosières de la rue Maubuée qui font les sucrées, parce qu'elles n'ont pas de quoi se coller un costume de canotière sur les omoplates.

FANFRELUCHE.

Avec leurs robes à onze sous le mètre!

OMPHALE.

Ça vaut mieux que d'avoir des costumes pas payés.

BOULE-DE-SUIF et SES CAMARADES.

Pas payés!...

Elles se menacent.

BOULONAIS, s'interposant.

Allons, mesdames, mesdames, je vous en prie... songez à la galerie!...

LE TANNEUR.

Que dira le faubourg Saint-Germain?...

CRAPOTTE, à Boulonais.

Non! mais regardez-moi ce demi-siphon!

OMPHALE.

T'aimes mieux ton grand échalas, pas vrai ?

LE TANNEUR.

Eh! là-bas, la petite mère, ménagez vos expressions, n'est-ce pas... ou sinon...

BÉBÉ.

Sinon quoi ? Voilà le Tanneur qui s'en mêle?

LE TANNEUR.

Un peu Bébé! et si tu n'es pas sage, je te reconduis à ta mère pour qu'elle te mouche !...

Le groupe de Gueule-en-Cœur rit.

BÉBÉ, *ôtant sa veste.*

Ah! c'est trop fort!

BOULONAIS, *ôtant sa veste, à Bébé.*

Laisse-moi faire, toi! — Viens donc me dire ça à deux pouces du nez.

GUEULE-EN-CŒUR.

Voyons, pas de bêtises !...

OMPHALE.

Toi, Gueule-en-Cœur, laisse-les s'expliquer...

BOULE-DE-SUIF.

Ils ne me mangeront pas sans boire.

LE TANNEUR.

Ah! ça ne va pas être long!...

Ils s'élancent l'un contre l'autre. — On fait cercle autour d'eux. — Parait la mère Madeleine venant de la maison de gauche ; elle écarte brusquement les curieux, saisit de chaque main Gueule-en-Cœur et Boulonais et les sépare.

SCÈNE II

LES MÊMES, LA MÈRE MADELEINE, ANNETTE.

MADELEINE.

Eh! bien, quoi donc, on se dispute par ici?... Les équipages fraternisent en se fripant le museau!...

BOULONAIS, voulant s'élancer.

Laissez-nous, mère Madeleine!

MADELEINE, le retenant.

Plus souvent!

GUEULE-EN-CŒUR, de même.

Allez donc voir à vos fourneaux, si nous y sommes!

TOUS.

Oui, oui!

OMPHALE.

Ça vous *argarde* pas d'abord!

MADELEINE.

Alors tu crois, ma petite, que je vas laisser ternir la réputation de mon établissement?

BOULONAIS.

Ah! ça, voulez-vous me lâcher!

MADELEINE.

Tu trouves que je serre, hein?... Ah! dame, fiston, c'est que la poigne est solide, vois-tu!

Elle l'envoie tomber à gauche.

ANNETTE.

Mère, je t'en prie...

MADELEINE.

As pas peur, fillette. C'est moi qui fais la police ici!... pas besoin de tricornes chez la mère Madeleine!

GUEULE-EN-CŒUR.

Nom d'un chien, mais vous m'étranglez.

MADELEINE, l'envoyant rouler à droite.

Alors va te remettre par là.

FANFRELUCHE.

Tout de même, vous feriez mieux de les laisser s'expliquer... ils n'en mourront pas!...

MADELEINE.

Quand t'auras des conseils comme ceux-là à me donner, tu peux les garder dans ta poche, avec ton mouchoir par dessus. Entends-tu, la jolie fille! (Murmures des femmes.) Quoi?... on grogne?... et si vous voulez que je sois tout à fait franche, mes poulettes, je vous dirai que c'est pas beau d'asticoter comme ça vos hommes les uns contre les autres

BOULE-DE-SUIF.

On ne les asticote pas.

MADELEINE.

Non, on se gêne! Quant à vous autres, les mâles, vous n'êtes que des benêts!... (Murmures.) des idiots!... (Murmures.) des imbéciles, si vous aimez mieux!... Aller vous flanquer une tripotée pour des chipies comme ça.

BOULE-DE-SUIF.

Ah! mais dites donc, la mère!...

MADELEINE.

Ça t'offusque, chérie?... C'est dommage!... Mais quand une femme excite son homme à se battre pour elle, c'est une chipie!... v'là mon opinion. Faut jamais mêler les hommes aux disputes de femmes, parce que c'est là que ça commence à devenir vilain. Quand je pense qu'il n'y a pas quinze jours, toi, Boulonais, tu as retiré le Tanneur de la grande tasse.

BOULONAIS.

Oui! parce que l'eau était pas propre, à c't'endroit-là! Et puis, qu'est-ce que ça prouve?... On se sauve la vie. Ça n'empêche pas de se cogner après!...

MADELEINE.

Vous êtes des mauvaises têtes!... heureusement que le cœur est meilleur... Allons, clampins... donnez-vous la main et que ça finisse!...

LE TANNEUR.

Moi, je ne demande pas mieux!

BOULONAIS.

Moi je ne lui en veux pas!

Ils se serrent la main, Gueule-en-Cœur et lui.

MADELEINE.

A la bonne heure donc!...

BOULONAIS.

Sacrée mère Madeleine... C'est bien pour vous, allez!

LE TANNEUR.

Mais, tu sais, toi, le Boulonais... à la prochaine occasion ça repiquera.

BOULONAIS, voulant retirer sa veste.

Quand tu voudras, mon vieux.

MADELEINE, s'interposant.

En attendant, on va trinquer!... Et c'est moi qui régale.

TOUS.

Vive la mère Madeleine!

Ils regagnent leurs tables.

ANNETTE.

Et ça finit toujours comme ça! C'est maman qui paye!

LE TANNEUR.

Ah! mère Madeleine, il n'y a pas votre pareille de Suresnes à Bougival!...

MADELEINE.

J' t'écoute, ma croûte!... l'établissement est connu! au *Vincent z' haut!* veuve Huchet, dite la Madeleine, successeur de son frère, chambres garnies, pension bourgeoise, salon de cent couverts, cabinets de société, friture à toute heure, fraîcheur garantie!...

BOULONAIS.

Et puis on est flatté d'avoir une aubergiste qui porte sur la poitrine les joujoux que vous avez là.

MADELEINE.

Mes médailles?... ma foi, c'est mon petit orgueil de les porter, ces colifichets-là!... Je sais bien que quand on a fait quelque chose de pas mal, on doit le garder dans *sa forte* intérieure!... Je ne devrais peut-être pas afficher comme ça, que j'ai sauvé trois personnes du feu et deux de l'eau! mais qu'est-ce que vous voulez, on n'est pas parfait et si c'est une faiblesse... elle ne fait de mal à personne!...

On entend une bombe partir au lointain.

BÉBÉ.

Le signal des régates!

TOUS.

En route!

MADELEINE.

Allez, les enfants, et bonne chance à tous!... Dites donc, si l'un de vous pique une tête dans le bouillon, qu'il me le fasse dire, j'irai le chercher!...

GUEULE-EN-CŒUR.

En route!

TOUS, chantant sans accompagnement.

Messieurs les canotiers
S'en vont à la rivière
Pour tâcher d'oublier
Les queues d' leur canotière

Chantant toujours

La nuit comme le jour,
Eh! youp, youp, youp
Tra la la la la.

Ils sortent tous en dansant et s'éloignent par le fond droite. — On entend leurs voix s'éteindre peu à peu.

SCÈNE III

MADELEINE, ANNETTE, LES SERVANTES et GARÇONS, puis ÉMILE AUBLET.

MADELEINE.

Allons, desservez-vous, vous autres, et plus vite que ça... il faut que tout soit en ordre pour le retour des régates, la salle est prête?...

ANNETTE.

Oui, mère, mais je crois que ce soir nous manquerons de chambres!...

MADELEINE.

C'est vrai, ils passent la nuit ici nos canotiers... eh! bien on avisera;.. il y a d'abord celle du grand Jules qui est libre, puisqu'on ne l'a pas vu depuis deux jours.

ANNETTE.

Oui, mais s'il revient?

MADELEINE.

S'il revient, je le recevrai : un propre à rien qui ne paye jamais!... J'en ai assez et je ne veux plus de lui chez moi!... il me doit deux mois. On passera ça aux profits et pertes et on n'en parlera plus!...

ANNETTE.

Tu dis cela; mais tu es bien trop faible et avec quelques belles paroles il aura encore de toi, tout ce qu'il voudra.

MADELEINE.

Ah! pour ça, je te jure que non. J'en ai assez de ces locataires gouapeurs... c'est pas le genre de la maison!... Du reste, j'ai donné des ordres en conséquence.

ANNETTE.

Maintenant, maman, si tu étais bien gentille, tu irais te reposer un peu... Depuis ce matin tu n'arrêtes pas.

MADELEINE.

Me reposer!... Eh! bien qu'est-ce que je ferais de mes bras?

ANNETTE.

Tu te fatigues trop!

MADELEINE.

Mais la fatigue, c'est ma santé à moi. J'ai jamais été fatiguée qu'une fois dans ma vie, c'est le lendemain de mon mariage avec ton pauvre père; mais le soir même il n'y paraissait plus et j'étais prête à recommencer. Et puis tu sais bien pour qui je tiens à gagner de beaux écus!...

ANNETTE.

Toujours pour moi, tu es trop bonne!... tu penses à tout le monde, excepté à toi!

MADELEINE.

Tu crois ça?.. eh bien, c'est ce qui te trompe. C'est à moi que je pense en pensant à toi! Te savoir belle, heureuse, c'est mon bonheur!... Donc, c'est de la *belle* égoïsme, va, et pas plus!... Ce que je veux, vois-tu, c'est pouvoir t'amasser un bon gros bas de laine, qui te permettra de te marier comme il faut!...

ANNETTE.

Je finirai par croire que je te gêne!

MADELEINE, l'embrassant.

Toi?... bêtasse, va!...

Emile Aublet a paru au fond. Proprement, mais misérablement vêtu, il a le visage fatigué, la barbe inculte, porte une besace et s'appuie sur un bâton. Il a hésité avant de pénétrer, puis a pris son parti, est entré dans le jardin, à deux reprises a été sur le point de se présenter, mais s'est reculé honteux.

ANNETTE.

Quelqu'un...

MADELEINE, regardant Aublet.

Un malheureux !... fais-lui donner quelque chose.

ANNETTE.

Oui, mère. (A Aublet.) Attendez un instant.

AUBLET.

Mademoiselle...

ANNETTE.

Quoi ?... Eh bien, vous ne dites rien ?

MADELEINE.

Qu'est-ce qu'il a à nous regarder comme ça ?...

ANNETTE.

Mère, il pleure !

MADELEINE.

Il pleure ?...

AUBLET.

Je suis donc bien changé !

ANNETTE et MADELEINE, le reconnaissant et poussant un cri.

Ah !...

MADELEINE.

Aublet !... toi !... (Ouvrant les bras.) Ah ! mon pauvre enfant.

Aublet se jette dans ses bras.

MADELEINE.

Eh bien ! et ta cousine... elle attend...

AUBLET.

Si elle permet...

ANNETTE.

Si je permets !...

Elle lui tend les bras.

AUBLET, la tenant embrassée.

Ma bonne Annette ! Ah ! quel bonheur ! Quel bonheur !

Il pleure.

MADELEINE.

Mon pauvre petit Emile, que je suis donc contente de te revoir !...

AUBLET.

Ainsi vous ne me repoussez pas... malgré...

MADELEINE.

Te, repousser, toi, mon neveu, le fils de mon pauvre frère, que j'ai tant aimé... eh bien, c'est ça qui serait du chenu !... La mère Madeleine qui aurait la lâcheté de fermer sa maison à son enfant ;.. car c'est tout comme puisque t'as plus que moi au monde !... Tu ne l'as pas pensé un instant !

AUBLET.

Il y a longtemps qu'on ne m'avait parlé comme ça !... En venant voyez-vous, je me faisais un tas d'idées... j'avais peur que vous ne m'ayez fermé votre cœur..... Ç'aurait été bien naturel après..... la chose... et alors, je n'aurais plus rien eu sur terre !.. Et j'aurais tâché d'en disparaître tout à fait.

ANNETTE.

Mon pauvre Emile !...

MADELEINE.

Ah ! il n'aurait plus manqué que ça ! Tu sors de prison... bien sûr que ça n'est pas gai... mais tu n'en es que plus malheureux aujourd'hui ! et tu n'as besoin que de plus de pitié, que de plus d'affection. Tu rentres dans la société comme un nouveau-né entre dans le monde, puisque tu lui as payé la dette que tu lui devais. Tant pis pour ceux qui ne pensent pas comme moi ! Je suis la seule parente qui te reste... tu es ici le bienvenu, et tu y resteras autant que tu voudras, entends-tu ?...

AUBLET.

Ah! que vous êtes bonne!... que vous êtes donc bonne!

MADELEINE.

Appelle-moi ta mère, va, pendant que tu y es.

AUBLET, tombant en pleurant dans ses bras.

Ma... mère!

MADELEINE.

Pleure, mon gars, pleure!... Ça soulage, les larmes.

ANNETTE.

Nous t'aimerons bien, et nous te ferons oublier le passé.

MADELEINE.

Mais, tu ne m'as pas l'air bien solide sur tes jambes... qu'as-tu donc?

AUBLET.

C'est que...

ANNETTE.

Tu n'as besoin de rien?...

AUBLET, bas, honteux.

J'ai faim!...

MADELEINE, sursautant.

Faim! Ah! mon pauvre petit gas! (Courant à la porte du cabaret.) Gertrude... Au fait, non; j'y vas moi-même... faim!... Ah! le pauvre enfant!...

Elle entre dans le cabaret, puis en sort avec des provisions qu'elle dépose sur une table à gauche devant Aublet.

AUBLET, à Annette pendant ce jeu.

Ma bonne et chère tante!... Toujours la même!...

ANNETTE.

Oui, bien bonne, va... et tu as eu raison de compter sur elle, sur nous... Nous ne t'abandonnerons pas.

Il s'est assis à la table. Elles s'empressent autour de lui.

MADELEINE.

Tiens... mange... bois... réconforte-toi... tu parleras après !... Fichue bête que je suis tout de même... je n'y pensais pas... et je le faisais bavarder quand il n'avait rien dans le fusil. Heureusement que ta cousine a de la tête pour deux !...

Elle lui verse, le bourre.

ANNETTE.

Tu vas l'étouffer.

MADELEINE.

Bois donc !...

AUBLET.

Merci...

MADELEINE.

Alors, c'est fini là-bas ?... Je croyais que c'était dix ans que tu devais tirer.

ANNETTE, avec reproche.

Mère...

MADELEINE.

Quoi !... entre nous, nous savons bien qu'il ne sort pas du couvent des Oiseaux !... Comment se fait-il que te voilà libre ?...

AUBLET.

J'ai bénéficié de la libération conditionnelle, en raison de ma bonne conduite... et une remise de peine, de cinq ans m'a été faite !... Alors, avant de venir à vous, j'ai essayé de travailler. A Rouen, j'avais réussi à me faire embaucher, quand le chef de chantier m'a fait appeler : ...On ne pouvait garder un forçat libéré... quelqu'un avait dit d'où je sortais!...

MADELEINE.

Alors, faut donc crever parce qu'on a fauté?

AUBLET.

Ces gens ont raison, que voulez-vous!.. enfin, j'avais été agréé à Evreux... bien que cette fois j'eusse dit d'où je sortais; j'avais trop eu honte à ma première tentative. Mais là, ce fut autre chose!... A l'atelier, c'étaient les ouvriers qui me tournaient le dos — je parlais on se taisait — tant et tant, que le contre-maître, un brave homme, m'a fait venir et m'a dit : « Vous voyez, mon garçon, qu'on rougit de vous ici; moi je le regrette, parce que j'étais heureux de vous aider à vous relever... Je vous préviens qu'une cabale se monte et ça fera du vilain si vous restez !... »

MADELEINE.

Ah! les gredins d'honnêtes gens!...

AUBLET.

Alors, j'ai senti tout manquer sous mes pieds, et comprenant combien je resterais isolé dans ce monde, que le mépris séparait de moi, j'ai erré à l'aventure;... puis le peu d'argent que je possédais disparu, j'ai songé à en finir avec la vie.

ANNETTE.

Par exemple!

MADELEINE.

Ingrat! va!...

AUBLET.

Mais non, me suis-je dit... je ne dois pas fuir la lutte avant d'avoir tout tenté pour effacer le passé, pour prouver mon innocence!... car, je suis innocent!

MADELEINE, entre ses dents.

Oui, oui, oui! on la connait celle-là.

AUBLET.

Vous me croyez donc coupable, vous aussi?...

MADELEINE.

Allons, mon gars, pas de mots avec la mère Madeleine... Mon Dieu! On sait bien ce que c'est... on est jeune, on se laisse entrainer...

AUBLET.

Mais je vous jure...

MADELEINE.

Nous causerons de cela plus tard!... pour l'instant te voilà ici et tu vas y rester... Annette et moi nous te soignerons, nous te dorloterons, tant et si bien qu'un jour, tout ce passé ne te semblera plus qu'un vilain cauchemar!...

ANNETTE.

Oh! oui, nous t'aimerons bien, va!

AUBLET.

Braves cœurs!...

MADELEINE.

Elle?... C'est la sainte Vierge! avant l'opération du Saint-Esprit!... Oh! t'apprendras vite à la connaitre!... C'était une gamine quand tu nous as quittées...., maintenant regarde-moi ce beau brin de fille!...

ANNETTE.

Maman!...

MADELEINE.

Quoi donc?... il n'en perdra pas la vue! Mais ça n'est pas tout que le sentiment... faut songer aux choses solides!... Annette, j'ai peur que le pain ne manque ce soir... envoie donc quelqu'un à Suresnes!...

ANNETTE.

Oui, mère, je vais faire atteler Paroissien.

MADELEINE.

C'est cela... Du reste, j'ai à causer avec ce grand garçon-là!...

Annette sort par la gauche.

SCÈNE IV

MADELEINE, AUBLET.

MADELEINE.

Eh bien! nous voilà seuls; n'est-ce pas ce que tu voulais?

AUBLET.

Vous m'avez deviné, chère tante!... Vous avez paru douter, tout à l'heure, quand je vous ai dit que j'étais innocent. C'est vrai, pourtant!... Oui, c'est vrai et j'ai hâte de vous expliquer de quelle machination j'ai été victime.

MADELEINE, *souriant tristement.*

Je n'ai besoin de rien savoir là-dessus... puisque je te dis que tout est oublié, ça suffit... T'es pardonné, c'est le principal.

AUBLET.

Mais je ne demande pas à être pardonné, ma tante, je demande à être défendu et encouragé dans la lutte que je vais entreprendre.

MADELEINE.

Allons, mon garçon, ne te monte pas le bourrichon tout seul.

AUBLET, très grave.

Ma tante... sur la tombe de ma malheureuse mère, morte me croyant coupable et me repoussant pour la honte dont je couvrais notre nom, je vous jure que je vous dis la vérité!...

MADELEINE, se levant.

Ah! mais ce serment-là me remue, mon enfant!... Je sais que tu ne profanerais pas le souvenir de la digne femme et je te crois!... Oui, à présent je te crois, parle donc!

AUBLET.

Madame Ténard de Marby était ma maitresse! C'était la première fois que j'aimais, j'avais vingt ans, je mettais donc dans cette passion toute l'ardeur de ma jeunesse! Son mari un ancien capitaine, être grossier et brutal, la maltraitait, me disait-elle; et elle ajoutait qu'elle aimerait mieux mourir que de survivre à son déshonneur, si un jour son mari surprenait notre liaison.

MADELEINE.

Oui, il y en a des tas qui disent ça, et qui meurent dans des bras de rechange.

AUBLET.

Un jour, M. de Marby ne devait rentrer que tard, je passai la journée chez elle... sa sœur, une fillette avait été éloignée; tout à coup, il nous sembla que l'on ouvrait la porte d'entrée... Aurélie se leva, courut à la fenêtre et reconnaissant son mari, revint vers moi épouvantée... nous étions perdus!... « Il ne te touchera pas avant de m'avoir tué, lui dis-je. » Elle ne m'écoutait pas, mais soudain, elle prit dans une armoire un portefeuille et un écrin et finalement me dit : « Cache cela!... s'il n'arrive rien, tu me remettras le tout demain. » Aveuglé par ma passion, je pensai qu'elle me remettait des papiers de famille et des bijoux auxquels elle tenait, dans l'intention de fuir avec moi! Elle me poussa alors vers le couloir en me disant de me dissimuler et de m'enfuir pendant qu'elle retiendrait le capitaine. Le malheur voulut que M. de Marby me heurtât, il me mit la main au collet et m'entraina dans la chambre d'Aurélie! Je fus alors stupéfait de voir les rideaux du lit s'entr'ouvrir et ma belle maitresse s'écrier avec toute l'apparence de l'effroi : « Ah! mon Dieu! un homme chez moi!... Au secours! au secours! » Le capitaine, criant de son côté, m'entraina, dans l'escalier. A ses cris, on accourt, des agents me fouillent. Le capitaine hurle. « Ah! le voleur!... mon portefeuille!... mes croix!... » Aurélie, en peignoir, nous avait suivis... J'allais protester quand un regard suppliant d'elle, me fit garder le silence!...

MADELEINE.

Comment! tu te laissas traiter de voleur!...

AUBLET.

Oui! comme je me laissai mettre les menottes, comme je me laissai conduire en prison. Je pensais qu'elle userait de son influence pour me sauver sans se perdre... aussi à l'instruction, je ne révélai rien! Ce n'est qu'à l'audience, quand je l'entendis me traiter de voleur, moi, qui la sauvais, que je compris ce qu'était cette créature misérable!

MADELEINE.

Ah! oui! c'est une rude... drôlesse.

AUBLET.

Alors je dis toute la vérité!... L'auditoire se mit à rire... vous vous en souvenez? et comme j'allais préciser certains détails, prouver mon innocence, le président, M. Mathieu des Taillis, tandis que madame de Marby s'évanouissait, me fit expulser de la salle. Le huis clos fut ensuite prononcé et par cet homme, dont le nom est resté gravé dans ma mémoire, je fus condamné!...

MADELEINE.

Mais... quel intérêt avait-il, à tout cela, ce président?

AUBLET.

Lui? Il était aussi l'amant de madame de Marby!...

MADELEINE.

Eh ben! v'là du joli monde! mais mon pauvre gars, pourquoi ne nous as-tu jamais parlé de tout cela? J'aurais été parler à l'*Empereuse*, tu sais que je suis bien avec elle. Elle aurait tout conté à son homme!...

AUBLET.

Ce Mathieu des Taillis est un des protégés de l'Empereur!.. Une de ses créatures du coup d'Etat.

MADELEINE.

C'est égal, j'aurais fait quéque chose. D'abord

ton Aurélie aurait passé un fichu quart d'heure; je l'aurais étranglée, moi, c'te paroissienne-là...

AUBLET.

Vous ne doutez plus?

MADELEINE.

Non, mon enfant... et ça me fait un rude poids de moins sur l'estomac!... Eh bien! mon petiot, pour faire reconnaître ton innocence, tu peux compter sur le concours de la mère Madeleine... et tu verras que c'est quelque chose!...

ANNETTE, rentrant de gauche.

Maman, il y a le grand Jules qui est là et qui ne veut pas s'en aller.

MADELEINE.

Y ne veut pas?... Eh bien! je m'en charge, moi! Va, mon garçon... rentre, Annette. Elle va te faire donner de quoi te rendre présentable. Tu es ici chez toi... C'est bien entendu. Il n'y avait pas d'homme dans la maison, eh bien! il y en aura un.

AUBLET.

Ma chère tante!...

MADELEINE.

Oui, oui, grand bêta... laisse-moi régler son compte à ce mauvais garnement de Julot, et je te rejoins.

ANNETTE.

Allons, viens.

Aublet et Annette sortent à gauche.

MADELEINE, seule.

Mon pauvre gars!... Y a-t-il des femmes qui sont rosses tout de même. Heureusement que c'est l'exception.

SCÈNE V

MADELEINE, JULOT, UN GARÇON.

LE GARÇON, sortant de la maison.

C'est la consigne que je vous dis!

JULOT, de même.

La consigne de me refuser à manger?... Eh bien! nous allons voir!... où donc qu'elle est, la mère Madeleine, que je lui dise deux mots?...

MADELEINE.

La v'là la mère Madeleine! Et si t'as deux mots à lui dire... elle va t'en dire quatre, elle!

JULOT.

Alors, sous le prétexte que je vous dois de l'argent, vous me sacquez?

MADELEINE.

En plein!

JULOT.

Sans regret?...

MADELEINE.

Si, avec le regret de ne pas l'avoir fait il y a longtemps!

JULOT.

On prévient au moins!...

MADELEINE.

Et où donc?... puisque tu n'as pas paru depuis deux jours! T'as bien trouvé de l'argent pour payer ailleurs!... je ne suis pas faite pour nourrir les vagabonds.

JULOT.

Vagabond! Ah! dites donc, la mère...

MADELEINE.

Et puis, après!... le mot ne te plait pas... J'en ai pas d'autre à ma disposition!

JULOT.

Je suis pas un vagabond; j'ai un état.

MADELEINE.

Oui, gréviste.

JULOT, changeant de ton.

Voyons, mère Madeleine, vous qui êtes si bonne, c'est pas sérieux?...

MADELEINE.

Connu, la chanson!... Si encore je t'avais vu chercher à t'occuper...

JULOT.

Mais, mère Madeleine, je vous assure que je cherche du travail!..

MADELEINE.

Et tu pries le bon Dieu de ne pas en trouver.

JULOT.

Oh! si on peut dire! Eh! bien, si vous ne me voyez pas depuis deux jours, c'est parce que j'ai couru de tous côtés, pour me faire embaucher...

MADELEINE.

Enfin tu me dois deux mois de nourriture!...

JULOT.

Je ne vous les renie pas; mais vous serez payée,

que je vous dis!... j'ai promesse!... d'ici 48 heures je serai embauché dans une fabrique d'œils de poupées! C'est pas le Pérou; mais on mange! Cristi! que j'ai faim!... Voyons, mère Madeleine, plus que 48 heures de crédit! Que diable, on ne résiste pas à un brave ouvrier sans travail, qui vous dit: j'ai faim!..

MADELEINE.

Et soif!... Je parie que t'as encore plus soif que faim. Enfin, tu demandes 48 heures, je te les accorde, mais c'est la dernière fois.

JULOT.

Ah! mère Madeleine.

MADELEINE.

Pas d'expansions. Je les aime pas! (Au garçon qui hausse les épaules.) Sers-le... mais dans un bosquet, afin que ma fille ne le voie pas!... Sans quoi je recevrais un de ces suifs!...

Elle rentre dans le cabaret.

JULOT, allant au deuxième bosquet à droite.

Enfin!... c'est deux jours de gagnés!... Elle a été raide aujourd'hui la mère Madeleine!... le crédit est usé, la corde casse! et rien! rien! Oh! décidément y a pas, faut que je trouve un coup!

LE GARÇON.

Vous êtes servi.

SCÈNE VI

JULOT, attablé dans le deuxième bosquet, OLIVIER DE MAYRAN, DE CHAPET, MAITRE POULET, puis LE GARÇON.

OLIVIER.

Nous y voici!...

Ils sont arrivés du fond droite. On voit le garçon sortir de la maison et servir Julot.

POULET.

Délicieux!... de l'ombrage, la Seine en face... un horizon superbe... Les canotiers doivent pousser comme des champignons, dans ces parages!

LE GARÇON.

Ces Messieurs désirent?...

OLIVIER.

Du Madère! Prévenez madame Huchet que M. Olivier de Mayran est là.

Le garçon sort à gauche.

POULET.

Ah! elle est bien bonne celle-là, vous avez des intelligences dans la place!... Je gagerais que madame Huchet a vingt-cinq ans, la taille fine et le mollet rond!...

OLIVIER.

Vous n'y êtes pas, monsieur le notaire. C'est une brave femme dont le mari a servi longtemps sous les ordres de mon père... et j'ai gardé l'habitude, chaque fois que je dois reprendre la mer, de venir l'embrasser!...

CHAPET.

Olivier a les affections solides.

POULET.

Monsieur de Mayran a raison... moi je suis de même... Si nous nous installions sous la verte tonnelle...

Ils passent sous la première tonnelle à droite.

CHAPET.

Mais au fait, tabellion modèle, comment se fait-il que nous vous rencontrions à la porte de ce cabaret, à Suresnes, vous dont l'étude doit réclamer la présence à Charleville?...

POULET.

Vous ne devinez pas?... Je viens pour le testament...

OLIVIER.

De M. de Farges?

POULET.

D'Aristide de Farges!... Oui!... Depuis longtemps déjà, ce cher ami, m'avait confié ses dernières volontés . Hein... elle est bonne celle-là?

OLIVIER.

Je ne connaissais pas M. de Farges, mais de Chapet m'en a parlé et je sais sa fin malheureuse!

POULET.

Oui... oui... malheureuse!.. mort dans la rue. Sans dire ouf!... Elle est bonne, hein!... C'est drôle la vie, tout de même, trouvez pas?... On sort... il fait beau... on est heureux... on respire les parfums de Paris... puis couic! Un rien qui craque. C'est fini!... Bonsoir la compagnie.

CHAPET.

C'est effroyable!

POULET.

J'allais le dire... effroyable ! Comme on chante dans les opéras-comiques. (chantonnant.)

C'est effroyable,
Epouvantable,
Irréparable,
En vérité...

Tiens ! ça embaume la jacinthe par ici...

OLIVIER.

Vous avez eu raison de venir donner à votre ami un dernier témoignage d'affection...

POULET.

Il m'avait chargé, en prévision de sa mort, d'une mission toute particulière ; et je ne vous cacherai pas que j'en suis assez satisfait, parce que j'avais quelques courses importantes à faire, des personnes à voir ; quand hier, j'ai reçu la dépêche qui m'annonçait sa mort, je me suis dit : Tiens, ça m'arrange joliment ; je vais faire d'une pierre plusieurs coups. Elle est bien bonne, hein !...

OLIVIER.

Ah ! vous avez profité ?...

POULET, humant l'air.

Oui !... Non ! non ! je me trompais, ce n'est pas de la jacinthe... c'est de la clématite !...

CHAPET.

Mais, alors, vous devez savoir si, comme on le dit, il laisse tout ce qu'il possédait à une jeune fille... la belle-sœur du capitaine de Marby, un de mes collègues du ministère.

POULET.

Très vrai ; cet Aristide aura été galant jusque

dans la mort !... Oui, cette fillette hérite... du reste, elle s'en doutait bien un peu, car hier soir à peine arrivé, je l'ai trouvée installée chez de Farges, rue de Boulainvillers, 103.

JULOT, écoutant, à part.

En v'là des bavards.

OLIVIER.

Peut-être est-ce une preuve d'amitié, très désintéressée.

POULET.

Heu !... je veux bien ; mais je croirais plutôt autre chose...

OLIVIER.

Cette jeune fille vivait dans sa famille ?...

CHAPET.

Oui, chez son beau-frère de Marby... qui la traitait en servante; aussi a-t-elle dû profiter de l'occasion pour leur tirer sa révérence.

OLIVIER.

Elle est jolie ?

POULET.

Pas mal, ma foi, bien qu'un peu grêlée...

OLIVIER.

Diable !...

POULET.

Non, cela lui sied fort, au contraire. Mais le plus drôle de l'affaire... c'est que les scellés ont été apposés, et que l'argent, les titres que possédait de Farges, sont bien sous la main de la petite à qui tout revient, mais qu'elle n'y peut toucher !...

JULOT, à part.

En v'là des scrupules.

POULET.

Elle couche dans une mansarde que la concierge lui a prêtée.

JULOT, à part.

Tiens, tiens!...

OLIVIER.

Quelqu'un ne veille-t-il pas auprès du corps?

POULET.

La nuit, non!...

JULOT, à part.

De Farges... rue Boulainvillers... est-ce que la chance me ferait de l'œil?

SCÈNE VII

LES MÊMES, MADELEINE.

MADELEINE.

Où donc est-il, m'sieur Olivier?

OLIVIER.

Présent, mère Madeleine.

Il va à elle et l'embrasse.

MADELEINE.

Toujours beau comme un soleil!... Ah! que je suis donc heureuse de vous voir, m'sieur Olivier! Et que mon pauvre Huchet serait content, s'il pouvait serrer la main de son petit patron, comme il vous appelait, quand vous n'étiez qu'aspirant; vous v'là lieutenant de vaisseau, maintenant!.. c'est beau à votre âge!...

OLIVIER.

Bonne mère Madeleine, va! Mais, ce n'est pas tout ça... nous sommes venus dîner au *Vincent z'haut*, avant mon départ pour une station américaine. J'ai parlé à ces messieurs...

POULET *se présentant.*

Poulet, notaire... à Charleville... Ardennes...

MADELEINE.

Ah! vous êtes notaire, vous? C'est un bon état.

POULET.

Oui, pas mauvais.

OLIVIER.

Enfin, mère Madeleine, j'ai parlé à ces messieurs de vos fritures merveilleuses... ne me faites pas mentir!..

MADELEINE.

On va vous soigner ça, soyez sans crainte, mon commandant!...

OLIVIER.

Oh! commandant, pas encore...

MADELEINE.

Ça viendra! Je prends les devants!...

JULOT.

Ça c'est une affaire à tenter.

Il sort de sa tonnelle par le fond.

MADELEINE.

Je vas vous composer un menu comme vous les aimez.. (*Elle va pour sortir, apercevant Julot*). Eh bien, garnement, te voilà restauré?

JULOT.

Vous êtes une bonne femme, mère Madeleine...

et pas plus tard que demain, c'est pas un acompte c'est tout que je vous donnerai !

MADELEINE.

T'as donc hérité ?

JULOT.

Justement !... à ce soir !

Il sort par la berge, au fond gauche. Cris au dehors.

MADELEINE, au garçon.

Allons, vivement, voici mes pratiques qui reviennent des régates !...

POULET, à la porte du fond.

Oh ! charmant ! délicieux, des canotiers et des canotières... Cela me rappelle mes années d'étudiant. Tant pis, si on danse, je vais en pincer un !...

SCÈNE VIII

LES MÊMES, moins JULOT, LES CANOTIERS et CANOTIÈRES.

TOUS, chantant.

Messieurs les canotiers
Revienn'nt de la rivière
Pour faire comme à Bullier,
Avec leur canotière,
Toujours, toujours
La nuit comme le jour.
Eh ! youp ! youp ! youp !
Tra la la la la !

Danses, cris, tapage.

BOULONAIS.

Holà, mère Madeleine, du vin, à discrétion...

TANNEUR.

C'est la *Fulgora* qui paie !

MADELEINE.

T'as donc gagné la course, toi, mon grand Tanneur ?

OMPHALE.

Comme il a voulu !...

GUEULE-EN-CŒUR.

Médaille d'or !... La sixième de l'année.

TORPILLE.

Dieu que j'ai soif !...

BÉBÉ.

Et moi faim !... C'est-y prêt le Balthazar ?...

MADELEINE.

Dans un instant !... En attendant accorde ta guitare, et accompagne Boule-de-Suif qui va y aller de sa petite chanson.

Elle sort.

RAISINÉ.

Je donne le la !... et tous en chœur au refrain !...

BOULE-DE-SUIF.

Chanson.

Air de M. Piat.

I

On dit qu'les canotiers de la Saône
Sav'nt partout gagner les grands prix,
Ils peuv'nt enfoncer ceux du Rhône,
Mais y en a pas comme ceux d'Paris,
Qui savent tirer,
Qui savent riper,

Qui savent nager,
Qui savent virer.

Refrain.

C'est les canotiers de la Seine,
Tire la ridon, la brigue don daine,
Qui peuv'nt aller à Charenton
La brigue don daine, tire la ridon,
Sans passer par Tours en Touraine,
Tire la ridon, la brigue don daine,
Pas plus que par l'il' de Bourbon,
La brigue don daine, tire la ridon.

Reprise du refrain par tous, avec danse générale.

BOULE-DE-SUIF.

II

Les p'tit's dam's qu'ont du maquillage
Et même cell's-là qui n'en ont pas
Se dis'nt en voyant not' sillage
Nom d'un chien !.. N'en v'là-t'y des gas
Qui savent tirer,
Qui savent riper,
Qui savent nager,
Qui savent virer.

III

Si quéqu'jour le branl'bas r'commence
Et qu'les Prussiens ou les Anglais
Veulent fourrer leur nez dans la France,
On leur en f'ra voir des Français,
Qui savent tirer,
Qui savent cogner,
Qui savent frotter
Et jamais virer.

Refrain.

TOUS, criant après la danse.

Vive Boule-de-Suif !...

Pendant la chanson, les bonnes et les garçons ont servi toutes les tables de plats de matelotes, de bouteilles de vin, etc., etc.

MADELEINE.

Les matelotes sont servies !

TOUS.

Vivat !

TANNEUR.

Mes enfants, à table !

TOUS.

A table !

MADELEINE.

Seulement, je dois vous prévenir d'une chose.

TOUS.

De quoi ?

MADELEINE.

C'est qu'il n'y a pas de pain à la maison.

TOUS.

Pas de pain !...

BOULONAIS.

Mais, alors, c'est le radeau de la Méduse !

TANNEUR.

Conspuons la mère Madeleine !

TOUS.

Conspuons !... A bas la mère Madeleine !...

MADELEINE.

Attendez...

TOUS.

Quoi ?...

MADELEINE.

J'entends les grelots de Paroissien ! C'est le pain qui arrive. Vous êtes sauvés !

TOUS, les bras vers le ciel.

Merci, mon Dieu !... merci, mon Dieu !

La voiture parait trainée par un âne.

BOULONAIS.

Bravo, Paroissien !... à l'assaut !...

TOUS.

A l'assaut !

Assaut général. Chacun s'empare d'un pain énorme et reprise du refrain, en danse. Poulet se mêle à la danse et chahute devant la mère Madeleine dont il s'est emparé.

MADELEINE, stupéfaite.

Oh! un notaire !

POULET.

Hein ! Elle est bonne, celle-là !...

Changement.

TROISIÈME TABLEAU

Chez M. le Président Mathieu des Taillis.

Le théâtre représente le cabinet du Président de chambre Mathieu des Taillis. A droite, de biais, le bureau du magistrat sur lequel sont déposés de volumineux dossiers. A gauche, canapé; pan coupé à gauche, cheminée. Au fond, porte à deux battants. Porte dissimulée sous une draperie à gauche 1er plan. A droite en pan coupé, la porte de la chambre de M. des Taillis. Draperies.

SCÈNE PREMIÈRE

LE CHEF DE LA SURETÉ, puis UN HUISSIER.

LE CHEF DE LA SURETÉ, sortant de la chambre du Président, parle à la cantonade.

Monsieur le Président peut être assuré que ses instructions seront suivies point pour point. Je préviendrai monsieur le Président au moment opportun. (Il descend en scène.) Diable ! diable ! voilà de ces missions qui ne me vont guère; mais le moyen de refuser à cet homme qui peut tout, hormis le bien, peut-être.

Il sonne, en appuyant sur une batterie électrique, placée sur la table ; l'huissier paraît au fond.

L'HUISSIER.

Monsieur le Chef de la sûreté désire ?

LE CHEF.

Quand M. et madame Ténard de Marby seront arrivés, vous les introduirez ici.

L'HUISSIER.

Ces personnes sont là !...

LE CHEF.

Alors! faites entrer. (Il s'assied au bureau.) Voyons d'abord ce qu'est ce capitaine de Marby!... un inconscient, ou un mari complaisant?...

L'HUISSIER, à droite de la porte.

M. et madame Ténard de Marby.

L'huissier le regarde curieusement en avançant deux sièges.

MARBY.

Qu'est-ce qu'il a à me dévisager, ce pékin-là?...

SCÈNE II

LE CHEF DE LA SURETÉ, DE MARBY, AURÉLIE.

LE CHEF, après leur avoir fait signe de s'asseoir.

Monsieur, je vous ai convoqué ici et non dans mon cabinet, parce que nous désirons que les indiscrétions soient tout à fait évitées!...

DE MARBY.

Trop aimable!...

LE CHEF.

En raison des nombreuses sympathies qui vous entourent, eu égard à votre glorieux passé, (Le capitaine salue.) j'ai reçu l'ordre de faire en sorte que l'enquête soit tenue rigoureusement secrète.

DE MARBY.

Flatté, monsieur!... très flatté!...

LE CHEF.

Tout d'abord je dois vous dire que la catastrophe arrivée chez vous ne vous compromet en rien.

DE MARBY.

N'est-ce pas?... J'ai tiré par la fenêtre... je le sais bien; mais à ma place... vous eussiez fait comme moi!

LE CHEF.

Cependant il est indispensable que l'enquête que nous faisons, dégage notre responsabilité morale; il faut que nous établissions qu'il n'y a pas eu crime, mais accident... pénible, regrettable!...

DE MARBY.

Parfaitement! parfaitement!...

LE CHEF.

J'ai donc le devoir de vous demander quelques explications sur la sincérité desquelles votre glorieux passé m'est une garantie suffisante...

DE MARBY, *se rengorgeant.*

Monsieur... à vos ordres!... voilà... c'était en cinquante-neuf... j'étais capitaine... le matin de Solferino, nous étions massacrés... nos hommes lâchaient pied, et il fallait tenir quand même!

LE CHEF.

Pardonnez, mais il s'agit...

DE MARBY.

Oui!.. j'y arrive!.. je causais dans une rue, ayant ramené mes hommes au combat... quand je vois Antoine de Farges, un capitaine comme moi, qui traverse la rue, comme un homme ivre... il pleuvait des balles. Je lui crie : baisse-toi donc, animal, baisse-toi donc, nom de Dieu ! (Il se lève.) Ah! pardon excuse... l'habitude.

LE CHEF.

C'était un parent de M. Aristide de Farges?

DE MARBY.

Son père... son propre père... il ne répond rien, tombe... je cours à lui... il était mort, frappé en pleine poitrine... Ah! mille millions!... Vous ne vous figurez pas l'effet que ça m'a fait.

LE CHEF.

Revenons, si vous le voulez bien...

DE MARBY.

J'y arrive... il laissait un fils... Aristide; vous comprenez que, revenu à Paris, je ne le perdis pas de vue... je m'occupai de lui... et il me fit entrer au Ministère de la guerre, où j'étais sous ses ordres!... Drôle, n'est-ce pas, moi, un officier de l'armée d'Italie... sous les ordres d'un clampin.., Enfin, c'est comme ça!...

LE CHEF, à part.

Quel galimatias!... c'est une vieille bête!

DE MARBY.

Voilà tout, monsieur!...

LE CHEF.

Je vous remercie, mais vous ne m'avez pas parlé des faits qui nous préoccupent.

DE MARBY.

Tiens!... C'est vrai!... j'y arrive... c'était un charmant garçon... un peu fille, un peu niais, un peu bébête, enfin!

AURÉLIE.

Mon ami...

DE MARBY.

Quoi!... il n'y a pas de mal à cela! c'est pourquoi je l'aimais... il était le commensal de ma maison... (Il s'asseoit.) Chez moi il a rencontré la sœur de ma femme, un laideron, une grêlée... Eh! bien, monsieur, croiriez-vous que cet animal-là en est devenu amoureux!... Ah! sacré nom de... pardon excuse... l'habitude...

LE CHEF.

Et il venait à un rendez-vous, que lui avait donné cette jeune fille, quand il s'est trouvé en présence de madame.

DE MARBY.

Justement! Oh! la misérable!... vous savez tout, monsieur, et devant vous, sur mon honneur de vieux soldat, je jure que je regrette le mouvement irréfléchi qui m'a fait tirer sur le pauvre garçon.

LE CHEF, se lève et quitte son bureau.

Monsieur de Marby, je vous remercie de vos déclarations qui éclairent parfaitement l'affaire, mais je dois, pour supplément d'information, entendre confidentiellement madame de Marby, au sujet des relations, dont la première elle a soupçonné l'existence, entre M. de Farges et votre belle-sœur...

DE MARBY.

Elle est à vos ordres, monsieur!... Tu entends, Aurélie, tu vas dire toute la vérité à monsieur le Chef de la Sûreté... Je vous prie de la ménager, monsieur, toutes ces histoires l'ont mise sens dessus dessous. (Confidentiellement.) Puis vous savez, les femmes ne sont pas aussi intelligentes que nous, n'est-ce pas?

LE CHEF, souriant.

Soyez sans crainte!...

DE MARBY, va à sa femme.

Ma poulette, on va t'interroger, pour la forme... ne te trouble pas... n'épargne pas ton petit torchon de sœur qui est cause de tout le mal... dis la vérité!...

AURÉLIE.

Oui, mon ami.

DE MARBY, en sortant.

Je t'attends à côté ; ou plutôt... je vais jusqu'au Ministère!...

AURÉLIE.

C'est cela, je rentrerai directement!...

DE MARBY.

Je vous prie d'être indulgent pour elle.

De Marby sort par le fond.

SCÈNE III

LE CHEF DE LA SURETÉ, AURÉLIE.

LE CHEF.

Madame, je dois vous déclarer d'abord que l'enquête va se terminer ici, ainsi que votre lettre l'a demandé à M. le Président, Mathieu des Taillis; mais il est d'autres questions...

Il va à sa table.

AURÉLIE.

Je suit prête à vous répondre. Que voulez-vous de moi?...

LE CHEF.

La vérité, madame, simplement!... la vérité qui

doit nous dégager à nos propres yeux d'une action illégale. Car il faut toute la puissance de M. des Taillis pour que les choses se passent ainsi !...

AURÉLIE.

Que supposez-vous donc, monsieur, en dehors de ce que j'ai déjà dit ?

LE CHEF.

Je ne suppose rien... Je vous demande d'être franche !... et d'abord, j'ai là le résultat d'une enquête faite dans votre quartier, enquête qui dégage absolument votre jeune sœur !...

AURÉLIE.

Et qui m'accuse peut-être ?

LE CHEF.

Je ne dis pas cela, nous avons le rapport du médecin qui affirme que M. de Farges n'a pas plus succombé à la suite de sa chute que tué par la balle du capitaine. Lorsque M. de Farges a été précipité dans le jardin, il était mort.

AURÉLIE, se levant.

Alors, monsieur, c'est moi qui ai assassiné M. de Farges ?...

LE CHEF.

Madame, comprenez-moi bien ! Nous ne savons pas encore si la mort de M. de Farges est naturelle ou si elle est le résultat d'un crime !... l'autopsie nous éclairera à ce sujet... Nous recherchons en ce moment dans quelles circonstances le malheur s'est produit.

AURÉLIE, à part, effrayée.

Mathieu voudrait-il me perdre ?...

LE CHEF.

J'attends, madame.

AURÉLIE.

Je ne sais rien, monsieur.. sinon que je me suis défendue contre un homme!... les médecins déclarent ce qu'ils croient être la vérité!... à une seconde près, peuvent-ils assurer que la mort soit due à une cause et non à une autre?

LE CHEF.

Monsieur de Farges étant fortuné, n'allait pas chez vous pour voler, n'est-ce pas vrai?...

AURÉLIE.

Sans aucun doute; mais, ma sœur...

LE CHEF, sèchement.

Je vous ai dit que nous ne pensions pas devoir accueillir l'accusation que vous faites peser sur votre jeune sœur!...

AURÉLIE, s'emportant.

Et pourquoi donc?... est-ce une raison parce que ma sœur a su dissimuler aux yeux du monde pour nier qu'elle ait été la maitresse de notre ami?...

Mathieu des Taillis paraît, venant du pan coupé droite.

LE CHEF.

Dans ces conditions, madame, je me vois à regret contraint d'arrêter ici cet interrogatoire.

SCÈNE IV

LES MÊMES, MATHIEU, un dossier en main.

MATHIEU, s'avançant.

Et pourquoi donc, monsieur le chef de la Sûreté? Continuez, je vous prie!... Madame, j'en suis persuadé, va devenir plus raisonnable.

LE CHEF, debout à la table.

Monsieur le président!...

AURÉLIE.

C'est vraiment indigne de traiter ainsi une honnête femme!...

MATHIEU, au chef.

Asseyez-vous, je vous prie, et écrivez!... (A Aurélie.) Allons, ma chère enfant, nous vous écoutons.

AURÉLIE.

Je n'ai rien à ajouter à ce que j'ai dit!...

MATHIEU.

Ah! alors, c'est moi qui parlerai!... Voici un rapport qui me rend compte de la perquisition pratiquée chez vous!...

AURÉLIE.

Elle n'a produit aucun résultat, le commissaire lui-même l'a dit à mon mari.

MATHIEU.

Oui. Mais ce que l'on n'a pas dit à M. de Marby, sur mon ordre, je vais vous l'apprendre : vous avez déclaré que M. de Farges n'a pas pénétré chez vous.

AURELIE.

Et je le répète...

MATHIEU.

Vous avez tort, les traces de ses pas, reconnaissables puisqu'il avait foulé le sable du jardin, ont été relevées sur le parquet et sont très visibles aux pieds du canapé.

AURÉLIE, à part.

Mon Dieu !

MATHIEU, consultant ses notes.

Puis, sous ce canapé également, on a découvert cette cravate arrachée...

AURÉLIE.

Il avait passé la soirée à jouer aux cartes avec mon mari.

MATHIEU, souriant.

On n'arrache pas sa cravate pour jouer aux cartes. Enfin...

AURÉLIE.

Enfin ?

MATHIEU.

Dans votre chambre, sous le marbre de la cheminée, ce portrait du mort, avec ces mots de sa propre main : « A mon Aurélie. »

AURÉLIE.

Grâce !... j'avoue! j'avoue ! Eh bien, oui, M. de Farges était mon amant !...

MATHIEU.

A la bonne heure !... Vous voilà raisonnable. (Au chef de la sûreté.) L'aveu de madame établit péremptoirement que la mort de M. de Farges est purement accidentelle, (sur un mouvement du chef, il appuie :) vous m'entendez bien, purement accidentelle : l'affaire n'aura pas d'autre suite ! Monsieur le chef de la sûreté, vous pouvez-vous retirer.

LE CHEF.

Monsieur le Président, j'ai l'honneur de vous saluer !... Madame.

Il sort par le fond.

SCÈNE V

MATHIEU, AURÉLIE.

MATHIEU, redescend, va à Amélie tombée assise sur le canapé et se penche vers elle.

Vous êtes toujours adorablement belle, Aurélie.

AURÉLIE.

Dites-moi la vérité. C'est un piège, n'est-ce pas que vous venez de me tendre ?

MATHIEU.

Oh ! le vilain mot !... une assurance pour l'avenir, tout au plus ! On peut aimer rendre service... mais que diable ! quand on a affaire à de jolis démons comme toi, mon adorée, il est prudent de prendre ses précautions ! Allons, mon cher amour, un baiser.

AURÉLIE, s'éloignant.

Vous me jurez que ce rapport, cet aveu resteront secrets ?...

MATHIEU.

Combien de fois faut-il te le répéter ? Ai-je jamais reparlé d'Emile Aublet ?

AURÉLIE, frémissante.

Emile Aublet!

MATHIEU.

Ah! le pauvre garçon n'a pas eu de chance le jour où il te rencontra sur sa route!...

AURÉLIE.

Je vous en supplie...

MATHIEU.

Reconnais que cette fois encore, tu n'as pas eu à te repentir d'avoir songé à moi.

AURÉLIE, se redressant.

Mathieu, vous avez toujours agi sur moi par la menace!... Prenez-y garde! à mon tour je pourrais, secouant le joug, démasquer le magistrat qui use de sa puissance pour assurer le triomphe de ses passions!...

MATHIEU, menaçant.

Ose-le donc!...

AURÉLIE.

Vous savez bien que je suis incapable de le faire. Je vous préviens seulement.

MATHIEU, sévère.

Quand j'ai augmenté la pension de M. de Marby, quand j'ai apostillé la demande présentée par M. de Farges, ton amant, ce que j'ai toujours feint d'ignorer... quand je faisais condamner ce malheureux Emile Aublet, quand cette fois encore, j'arrête une instruction qui peut te perdre, c'est moi, moi seul que je sers : parce qu'il y a en toi un charme qui m'attire.

AURÉLIE.

Mathieu!...

MATHIEU.

J'eusse mieux fait, sans doute, quand autrefois, la petite ouvrière se moquait de moi, à son atelier et mangeait avec un cartonnier, le beau Julot, l'argent que je lui donnais pour ses rubans et ses chiffons, j'eusse mieux fait de la faire enfermer jusqu'à sa majorité! elle ne souillerait pas aujourd'hui le nom d'un honnête homme!

AURÉLIE.

Mathieu!...

MATHIEU, changeant de ton et lui prenant la main.

Sois donc plus raisonnable. (La ramenant au canapé.) Allons, mon Aurélie, pourquoi me contraindre à te rappeler les petits services que je suis si heureux de te rendre?...

AURÉLIE.

Ah! Math!... vous ne m'aimez plus comme autrefois!

MATHIEU.

Toujours autant, ma belle!...

AURÉLIE.

Vrai?...

MATHIEU.

Oui!... et tu le sais bien!... Mais voyons, n'as-tu pas encore quelque chose à me dire?

AURÉLIE.

Oui!... ma sœur me hait!... Je le sens à ce que j'éprouve moi-même pour elle!... Or, devenant la légataire universelle de M. de Farges, puisqu'il l'a faite sa légataire, paraît-il, elle va se trouver en possession de mes lettres à Aristide!...

MATHIEU.

Quelle manie d'écrire!

AURÉLIE.

Hélas!... Lise ne sera-t-elle pas tentée de se servir contre moi de cette arme? mon mari me tuerait, vois-tu!...

MATHIEU.

A cela je ne puis rien! Ces lettres sont à elles, absolument à elle... et malgré le danger... réel que tu coures, je ne puis rien faire!

AURÉLIE, avec câlinerie.

Vous pouvez ce que vous voulez, Math!...

MATHIEU.

Erreur.

AURÉLIE.

Et vous dites m'aimer comme autrefois?...

MATHIEU.

Certes!... Mais, que diable, il y a des limites à tout!... (L'huissier entre et lui remet une lettre. Se levant après l'avoir lue.) La personne est là?

L'HUISSIER.

Oui, monsieur le Président.

MATHIEU.

Vous allez la faire entrer ici (L'huissier sort. A Aurélie.) Une visite importante... je vous demande de m'excuser...

AURÉLIE.

Je vous laisse. (Elle lui met les bras autour du cou.) Quand viendrai-je chercher mes lettres, mon bon Math?...

MATHIEU.

Oh démon!... (Il l'embrasse.) Eh! bien, nous verrons! Va! va!

Il la reconduit à la porte dissimulée du premier plan gauche. Elle sort en lui envoyant un baiser.

SCÈNE VI

MATHIEU, ÉLISE.

MATHIEU, relisant la lettre.

Elle est venue!... si elles s'étaient rencontrées, c'eût été gentil. (Il sonne. L'huissier introduit Lise.) Entrez, mademoiselle. (A l'huissier.) Je ne recevrai plus aujourd'hui. (A part.) Délicieuse!...

ÉLISE.

Pardonnez-moi mon embarras, monsieur.

MATHIEU.

Vous n'avez pas à être gênée vis-à-vis de moi, qui ne désire que vous être utile et vous aider à sortir de la situation embarrassée qui vous est faite, mademoiselle.

ÉLISE.

Mon Dieu, monsieur, je suis confuse de l'intérêt que vous me témoignez et je me demande ce qui a pu me valoir vos bonnes grâces.

MATHIEU.

C'est que vous n'êtes pas une inconnue pour moi, mademoiselle, vos parents étaient de braves gens que j'ai beaucoup connus et que j'aimais beaucoup.

ÉLISE.

Alors, monsieur, je m'explique toutes vos bontés pour mon beau-frère.

MATHIEU.

Ah! vous savez?...

ÉLISE.

Ce qu'il vous doit, oui!... mais lui l'ignore!... Il est si orgueilleux qu'on n'a pas osé lui dire par qui toutes ces faveurs lui arrivaient.

MATHIEU, à part.

Elle est adorable de naïveté.

ÉLISE.

Ainsi, monsieur, vous pourrez venir à mon aide?

MATHIEU.

Certes!... et c'est pour cela que je vous ai fait écrire, mon enfant... j'allais dire: ma chère enfant, tant la sympathie me gagne vite. J'ai appris par un rapport de police, que vous en étiez réduite à accepter l'hospitalité de la concierge de monsieur de Farges!... Il est tout à fait déplacé que vous, qui êtes sa légataire universelle, en soyez réduite à vivre de la charité d'une vieille femme, qui devrait plutôt vous servir... que vous rendre service.

ÉLISE.

Je ne rougis pas, monsieur, d'accepter les générosités de cette brave femme, parce que j'espère pouvoir la récompenser plus tard.

MATHIEU.

On m'a dit que ce legs de M. de Farges s'adressait à la personne qu'il aimait le plus, de son vivant!... que vous n'étiez pas seulement une amie pour lui,... que...

ÉLISE.

Terminez, monsieur...

MATHIEU.

Que vous aviez été sa... maîtresse.

ÉLISE, avec dignité.

A cela je n'ai rien à répondre, monsieur, je suis la légataire de M. de Farges, vous m'avez fait savoir qu'il vous serait possible d'abréger la formalité de la levée des scellés... voilà tout ce dont il doit être question entre nous.

MATHIEU.

Vous avez raison, mademoiselle,... et c'est parce que vous désirez, que j'aurais dû commencer!... vous demandez que les scellés soient levés?... Ce soir ce sera fait!... et demain vous serez mise en possession, par ordonnance du Tribunal. Je regrette que vous ayez pu vous méprendre sur ma pensée.

ÉLISE.

Pardonnez-moi, monsieur, j'ai fort mauvais caractère... vous êtes bon et je suis grossière... Excusez-moi et laissez-moi vous remercier!...

MATHIEU, souriant.

Ce sont des petits défauts de famille!...

ÉLISE.

Et, puis-je, monsieur, vous demander quelle personne a commis cette infamie de vous dire que j'avais été la maîtresse de M. de Farges?

MATHIEU.

Qui?... Mais, votre sœur Aurélie, mon enfant!...

ÉLISE.

Elle!... Ah!...

MATHIEU.

Elle m'a paru très animée contre vous!... Peut-être la jalousie, vous sachant aimée...

ÉLISE.

Monsieur, je suis loyale : j'ai aimé Aristide!... je l'ai aimé saintement... comme on aime un frère... Mais je vous jure que je n'ai jamais été sa maîtresse! et mieux que personne ma sœur, qui m'accuse, le sait!

MATHIEU.

Vous êtes une brave fille!...

ÉLISE.

Aussi mon ressentiment contre Aurélie, s'augmente-t-il, au souvenir de son ingratitude pour lui... si bon!... et puisque vous aviez bien voulu me promettre...

MATHIEU.

Oui!... Mais je ne dois pas vous laisser ignorer que ce que je vais faire est absolument illégal...

ÉLISE.

Ah!...

MATHIEU.

Et que si, pour vous, je consens à faire un sacrifice dangereux, encore faut-il que vous me payiez un peu de retour...?

ÉLISE.

Je ne vous comprends pas, monsieur.

MATHIEU, lui prenant la main qu'elle retire.

Voyons, mon enfant,... réfléchissez... vous voilà seule au monde!... Il vous faut un protecteur puissant qui vous aime...

ÉLISE.

Un protecteur?

MATHIEU, s'approchant d'elle.

Oui... un homme de bien qui ne reculerait devant aucun sacrifice pour assurer votre bonheur.

ÉLISE.

Monsieur, vous me faites peur!...

MATHIEU.

Ecoute, enfant! je t'aime!...

ÉLISE, s'éloignant.

Monsieur!

MATHIEU, la suivant.

Pour toi, je me sens capable de tout!

ÉLISE.

Maís c'est indigne ce que vous me dites là!

MATHIEU, la prenant.

Tu n'es qu'une petite sotte, écoute-moi!...

ÉLISE.

Je vous défends, monsieur, de me parler ainsi ou j'appelle.

MATHIEU, la prenant dans ses bras.

Tu peux appeler,... crier... personne ne viendra.

ÉLISE.

Mais c'est monstrueux.

MATHIEU, il la poursuit.

Laisse-moi t'embrasser... laisse...

ÉLISE.

Au secours!... à moi!

MATHIEU.

Tu es belle comme un ange!

ÉLISE.

Misérable lâche!... un vieillard...

MATHIEU.

Oui, un vieillard qui t'adore.. tu seras heureuse... Oh! si heureuse que tu me pardonneras!... l'or, toutes les joies de la vie, tout, tout... je t'offre tout!...

ÉLISE.

Je vous en supplie... laissez-moi partir et j'oublierai.

MATHIEU, la tenant dans ses bras près de son bureau.

Si tu partais maintenant, je serais ridicule... et tu es trop belle...

ÉLISE, se retourne et s'empare d'un coupe-papier en métal.

Laissez-moi, ou je me tue!...

MATHIEU, hésite, puis devant l'allure décidée d'Élise, il s'éloigne un peu.

Oh! la belle... est méchante!

ÉLISE.

Faites-moi ouvrir!... à l'instant! je vous l'ordonne!

MATHIEU.

C'est bien!... J'auraj ma revanche... (Il va à la porte dérobée, l'ouvre et s'éloigne de la porte, pour lui dire.) Sortez, par là.

ÉLISE, près de la porte.

Vous me faites honte! un vieillard dont les cheveux blancs ne doivent inspirer que du respect!... Ah! lâche!... lâche!...

Elle sort en courant.

MATHIEU, referme la porte, puis prend une feuille sur son bureau et écrit assis.

« La fille Élise Boitel... sans domicile... actuellement rue de Boulainvillers, chez son amant décédé M. de Farges... » Voilà ma réponse, vertu farouche! (Il sonne. — A l'huissier qui paraît.) Ceci à la Sûreté générale sans retard.

MADELEINE, à la cantonade.

Et moi, je vous dis que je le verrai, votre Président!

MATHIEU.

Que se passe-t-il?

L'HUISSIER.

C'est une femme, qui insiste pour voir monsieur le Président!...

MATHIEU.

Ne vous ai-je pas dit que je ne recevrais plus personne.

L'HUISSIER.

C'est une furie!...

MATHIEU.

Faites-la jeter dehors.

MADELEINE, criant au dehors.

Dites-lui que c'est de la part d'Emile Aublet... y saura ce que c'est!...

MATHIEU.

Aublet!... Que signifie?... faites entrer cette femme, qu'on en finisse!

L'huissier remonte et fait un signe. Madeleine paraît au fond. L'huissier sort.

SCÈNE VII

MATHIEU, MADELEINE.

MADELEINE.

Enfin!... je savais bien que j'y arriverais tout de même!... Mon Président, j'ai bien l'honneur...

MATHIEU, à son bureau.

C'est vous, madame, qui vous permettiez de forcer ma porte?...

MADELEINE.

Oui, mon président... c'est moi qui se permet la chose... et je vais vous en donner l'*explique*!... Je suis... Ah! pardon... j'avais pas vu que vous m'offriez un siège... merci!...

MATHIEU.

Mais...

MADELEINE.

Ne vous dérangez pas, je vous en prie!... J'en prendrais bien un toute seule.

Elle s'assied devant le bureau.

MATHIEU.

Enfin parlez!... que désirez-vous?... Je suis pressé!...

MADELEINE, très vite.

Pas plus que moi, pour sûr!... Ça se trouve donc bien! Voilà la chose! telle que vous me voyez je suis la mère Madeleine, veuve Huchet, propriétaire du *Vincent z'haut*... à Suresnes... sur le bord de la Seine... spécialité de lapins sautés, de fritures de goujons et de matelotes d'anguilles, y en a toujours chez moi des anguilles !... Quand y en a pas, j'en fais faire. Pour lors, v'là que j'ai un neveu, le meilleur garçon du monde... honnête, brave, travailleur, qui est une victime de la justice en général et de vous en particulier, mon président.

MATHIEU, *se levant.*

Veuillez observer vos paroles, ma brave femme... ou je vais être forcé...

MADELEINE.

Vous allez être forcé de m'écouter.

MATHIEU.

Madame...

MADELEINE.

Ne crions pas!... Parce que je crierais plus fort que vous, et que ma voix à moi, l'amie de l'*empereuse* irait peut-être plus loin que la vôtre.

MATHIEU.

L'amie de... ?

MADELEINE.

De l'*Empereuse*, oui, mon garçon. Donc mon neveu, un imbécile, a pris, en prison, la place d'une femme mariée, qui a préféré faire condamner un innocent, que d'encourir la colère de son mari.

MATHIEU, *se rasseyant.*

Mais, je me la rappelle, cette affaire Aublet... votre neveu avait volé, si je ne me trompe... il a fait des aveux complets ?

MADELEINE.

Oui... et c'est pour ça que je vous ai dit que c'était un imbécile !.. Mais il aimait ce garçon, il croyait faire son devoir en se sacrifiant pour celle qui se moquait de lui !..

MATHIEU.

N'a-t-il pas été trouvé porteur des bijoux de la personne, chez laquelle il s'était introduit ?

MADELEINE.

Tiens ! c'te bêtise !.. c'est elle, la coquine, qui lui avait glissé le paquet dans sa poche... et mon Nicodème s'est laissé faire.

MATHIEU.

Madame, vous avez des illusions bien naturelles chez une brave et honnête femme comme vous.

MADELEINE.

Oui, brave et honnête !... Ça, je le proclame, et j'en connais un pas loin de moi, qui ne pourrait pas en dire autant.

MATHIEU.

J'excuse vos injustes insinuations ; car il s'agit pour vous d'un parent, d'un enfant que vous avez élevé, peut-être, mais la justice a prononcé et la justice ne se trompe jamais !

MADELEINE.

Oh ! c'te farce !

MATHIEU.

Madame !

MADELEINE.

La justice qui ne se trompe pas !... Ça dépend des juges qui l'appliquent ! Non, mais vous croyez que je vais me laisser conter des choses comme ça sans rire !... Je vous dis, moi, que cette fois-là, elle s'est trompée, et quand la mère Madeleine dit une chose, ça y est, mon ami, c'est dans le mille... et il faudra qu'on le reconnaisse!

MATHIEU, se levant.

Je suis trop bon de vous laisser élever la voix ici et je vais...

MADELEINE, de même.

Oh! vous savez, vous ne me faites pas peur, tout président que vous êtes!.. et nous ne sommes pas au tribunal où vous avez empêché mon pauvre Aublet de parler!.. Je sais bien que vous êtes l'ami de l'Empereur, que vous y avez rendu des services dans le coup d'Etat, et que vous avez le bras long. Eh! bien, si vous êtes l'ami de l'Empereur, moi, je suis l'amie de sa femme!

MATHIEU, riant.

Vous!..

MADELEINE.

Oui, mon garçon!... Hein, ça vous épate ça!... C'est à la suite d'un incendie où j'avais été grillée suffisamment en sauvant trois petiots, que j'ai été envoyée en villégiature à Lariboisière. Alors, l'*Empereuse* est venue me voir; et c'est elle qui m'a posé cette médaille...celle-là, tenez, sur la poitrine!.. et elle m'a appelée son amie!.. et elle m'a dit de lui écrire, quand j'aurais besoin de quéque chose. Aussi, quand j'ai quoi que ce soit à demander, je lui fais tourner un bout de billet et j'obtiens tout ce ce que je veux!... pas pour moi, car la mère Madeleine n'a besoin de rien et ne veut rien de personne... mais pour les autres!..

MATHIEU, à part.

Cette femme doit dire vrai!.. L'Impératrice a de ces faiblesses.

MADELEINE.

Eh ! bien, quéqu'vous marmottez entre vos vieilles dents ?

MATHIEU.

Je me demande où vous voulez en venir, madame ?

MADELEINE.

A ceci? C'est vous qui avez dirigé les débats de l'affaire de mon neveu Aublet... c'est à vous de me dire quel moyen y a à prendre pour lui rendre l'honneur ! Il a fait cinq ans !.. pour un innocent c'est trop !.. et j'entends qu'il soit réhabilité, bien qu'il ait été gracié !

MATHIEU.

Je le regrette, madame, mais il n'existe dans le procès aucun vice de forme qui puisse le faire réviser !.. Votre neveu est libre, dites-vous ? qu'il se tienne tranquille, c'est ce qu'il a de mieux à faire.

MADELEINE.

Vous trouvez, vous ! Eh bien, nous ne sommes pas du même avis ! La liberté, c'est quelque chose, mais l'honneur c'est encore mieux, entendez-vous, mon président!

MATHIEU.

Encore une fois...

MADELEINE.

Encore une fois, mon neveu était l'amant de cette gueuse !..

MATHIEU.

Taisez-vous !

MADELEINE.

De madame de Marby ! de cette drôlesse !..

MATHIEU.

Je vous défends d'insulter une honnête femme !

MADELEINE.

Une honnête femme! il y en a treize à la douzaine des honnêtes femmes comme ça!..

MATHIEU.

Taisez-vous !

MADELEINE.

Quand je vous dis que nous ne sommes pas au tribunal, ici. Ah ! il faudra bien qu'elle reconnaisse qu'elle a été sa maîtresse, cette honnête femme. Je vous dis, moi, qu'elle en conviendra!.. et alors tout le monde saura lequel d'elle ou de mon neveu, est la canaille.

MATHIEU.

Assez ! la vertu de madame de Marby est au-dessus de toute atteinte.

MADELEINE.

Oh ! la ! la! Au fait, dites donc, mon président ; mais il me semble que vous prenez bien chaudement sa défense à c'te dame!... Est-ce que les bruits qui couraient dans le temps auraient un fondement de vérité ?

MATHIEU.

Des bruits... sur qui, je vous prie?

MADELEINE.

Sur vous et sur elle donc !..

MATHIEU.

Madame !

MADELEINE.

On disait que vous étiez le protecteur du mari, et

que la femme vous rendait en particulier les faveurs que vous faisiez obtenir publiquement à son homme !..

MATHIEU.

Je vous ordonne de...

MADELEINE, continuant.

C'est peut-être bien des potins, tout ça, mais on pourrait les croire, à vous voir si offusqué, par les vérités que je dis sur cette misérable !

MATHIEU.

Un mot de plus, et je vous fais arrêter !

MADELEINE.

M'arrêter, moi ?... Ah ! mon garçon !... Quelle faute ! arrêter la mère Madeleine !.. Mais vous ne savez donc pas que demain il y aurait aux Tuileries tous les canotiers de la Seine et même ceux de la Marne pour me réclamer !... Sans compter Ugénie qui dirait à son homme : « Louis, tu vas faire relâcher tout de suite la mère Madeleine, et que ça ne traîne pas !.. » Et il le ferait Louis, parce qu'il écoute sa femme dans tout ce qu'elle lui dit; on prétend même que quelquefois il l'écoute de trop !

MATHIEU.

Ne me poussez pas à bout !

MADELEINE.

On n'arrête que les voleurs et les assassins, quand on peut encore ! Mais la mère Madeleine... ah ! la bonne histoire ! Tenez, mon président, je vous en défie moi, de me faire arrêter ! Et pour preuve...

Elle sonne, l'huissier paraît.

MADELEINE, après un silence.

Eh ! bien, quoi que vous y dites à vot' larbin ?

MATHIEU, interdit, après une hésitation.

Reconduisez madame !

MADELEINE.

Trop aimable !.. Au revoir, mon président... vous m'avez trop bien reçue une première fois, pour qu'on ne renouvelle pas connaissance ! Emile Aublet est innocent ! Et c'est vous, pas un autre, que je charge de le réhabiliter ! A bientôt, mon président ! à bientôt !

Elle sort.

Rideau.

ACTE TROISIÈME

QUATRIÈME TABLEAU

La gardienne des scellés.

La chambre d'Aristide de Farges. Mobilier élégant ; au fond, alcôve fermée par une tenture. A droite, premier plan, un secrétaire avec les scellés, apposés. A droite, pan coupé, une fenêtre. Porte d'entrée principale, dans le pan coupé de gauche. Au premier plan de gauche, autre porte communiquant avec l'appartement. Sur tous les meubles les scellés sont posés.

SCÈNE PREMIERE

MADAME CHARLES, puis JULOT.

MADAME CHARLES, entre, seule, par la gauche.

Non... je ne me trompais pas, mam'zelle Lise n'est pas rentrée !... (A la cantonade.) Entrez, monsieur... il n'y a que moi, c'est-à-dire personne.

JULOT, en agent de la sûreté, boutonné, gourmé, sort des papiers qu'il consulte.

C'est ici que résidait M. Aristide de Farges ?

MADAME CHARLES.

Oui, le cher homme !... Mais parlons bas, s'il vous plait. Le mort est là !..

JULOT.

Eh ! bien, il ne nous entendra pas.

MADAME CHARLES.

Non, mais, moi, j'suis pour le respect qu'on doit aux trépassés.

JULOT.

Et le silence fait partie du respect. Bon ! Madame, je suis chargé par la Préfecture de Police de visiter la chambre, dans laquelle le défunt a été apporté lorsqu'il fut ramassé dans la rue.

MADAME CHARLES.

Vous êtes de la police ?... Eh ! bien, je m'en doutais !.. Il y a des têtes pour ça.

JULOT.

Vous avez l'œil !...

MADAME CHARLES.

Et vous le quart d'œil ?

Elle rit.

JULOT.

Il faut, madame, que ma visite soit ignorée de tout le monde, entendez-vous !... il y va de votre sécurité personnelle...

MADAME CHARLES.

Ah ! mon bon Dieu, on n'en sortira donc pas des malheurs.

JULOT.

Les dessous de cette affaire sont tels, que le plus grand secret doit être gardé...

MADAME CHARLES.

Si mademoiselle Lise était là, vous pourriez mieux lui expliquer ça qu'à moi.

JULOT.

Mademoiselle Lise surtout ne doit rien savoir.

MADAME CHARLES.

Bien, bien, monsieur... Je vais vous faire visiter..

JULOT.

Oh! un coup d'œil suffira... (Il va à la fenêtre. — A part.) Un premier étage... ça ne sera rien... avec une échelle. (Haut.) C'est dans ce meuble que M. Aristide mettait ses valeurs?

Il désigne le secrétaire.

MADAME CHARLES.

Ses valeurs ?... Ah! Oui, ses billets de banque, ses actions. Oh! il avait en moi une confiance *illégitime.*

JULOT.

Bien!... maintenant je me retire... Je n'ai pas besoin, je pense, de vous renouveler ma recommandation... Le Parquet vous ferait payer cher la moindre indiscrétion!...

MADAME CHARLES.

Soyez sans crainte!... On me couperait plutôt la langue! Est-il Dieu possible... une maison si tranquille!...

JULOT.

Un mot encore... Personne ne veille sur le corps de ce malheureux jeune homme?

MADAME CHARLES.

Si fait !.. Mademoiselle Lise... mais elle ne couche pas ici !.. Pauvre enfant, toute seule, la nuit, avec un mort !

JULOT, riant.

Oui. Elle aimerait mieux un vivant.

MADAME CHARLES.

Pour sûr! Et moi aussi ! Excusez, si je ne vous reconduis pas.

JULOT, sortant.

Oh ! je connais le chemin ! (A part.) C'est un travail d'enfant ! Allons, Julot, voilà la veine qui passe... saisis-la, mon garçon !...

Il sort pan coupé gauche.

SCÈNE II

MADAME CHARLES, seule.

Il a beau être malin, le roussin, j'y ai tout de même donné une leçon de respect. Cette petite Lise... qui tombe ici... comme héritière, et que ses parents laissent là, sans seulement s'occuper si elle mange et si elle a un lit pour se coucher !... C'est drôle, ça, tout de même !...

SCÈNE III

MADAME CHARLES, ÉLISE.

ELISE, entre de gauche pan coupé, courant affolée. Elle vient tomber sur une chaise.

MADAME CHARLES.

Eh! Mais c'est vous, mademoiselle Élise,... et dans quel état, bon Dieu du Saint-Esprit !.. Quoi donc qui vous est arrivé?

ÉLISE.

Rien... rien... j'ai couru...

MADAME CHARLES.

Mais, apparemment il y avait des accroche-jupes sur votre chemin; car, sans vous faire offense, votre robe est en loques.

ÉLISE.

Oui... ne faites pas attention, madame Charles... laissez-moi seule, voulez-vous?..

MADAME CHARLES.

Vous n'avez pas besoin de prendre quelque chose? Un bol de bouillon?..

ÉLISE.

Je vous remercie de votre offre... mais...

MADAME CHARLES.

Elle est faite de bon cœur, vous savez...

ÉLISE.

Merci !.. je veux passer la nuit ici !..

MADAME CHARLES.

Ici! Bon Dieu!.. Près de...

ÉLISE.

Oui! Près du pauvre défunt.

MADAME CHARLES.

Et vous n'aurez pas peur?..

ÉLISE.

Non... Je prierai!.. De là-haut il m'entendra.

MADAME CHARLES, regardant en l'air.

A votre aise... je m'en vas... (A part.) C'est égal, c'est drôle... Ah! il n'y a pas, n'y a pas... c'est un vrai mystère, ce qui se passe ici.

Elle sort par la gauche, pan coupé.

SCÈNE IV

ÉLISE, seule.

Oh! cet homme! ce monstre!... il me semble que je sens encore son étreinte brutale qui m'a meurtri les bras!... Oui!... ma digne sœur et lui devaient s'entendre; j'étais sans doute le prix du pacte conclu entre elle et cet indigne vieillard!... Et, pour elle, j'ai sacrifié mon honneur, ma vie!... Qui, maintenant croirait qu'Élise Boitel n'a pas été la maitresse d'Aristide de Farges?... Puisque je me suis laissée accuser!... Et lui... mon pauvre cher ami, il dort là, du sommeil éternel;

mais, je te reste, moi, mon cher mort! Celle que tu consolais, dont tu relevais le courage, quand on l'appelait, le laideron, la grêlée!... Je puis ainsi, du moins, te témoigner à présent toute la reconnaissance que je cachais pour toi, au fond de mon cœur!...

Elle pleure.

MADAME CHARLES, de gauche, pan coupé.

Par ici, monsieur le notaire!... voici la demoiselle!... Entrez donc!...

Poulet paraît.

SCÈNE V

ÉLISE, MAITRE POULET, MADAME CHARLES.

ÉLISE.

Quelqu'un.

MADAME CHARLES.

C'est monsieur Poulot... le notaire.

POULET.

Poulet... pas Poulot!... je crie quand on m'écorche, je vous en préviens. (Il sourit, puis reprend son sérieux sur un regard d'Élise.) Laissez-nous, je vous prie... j'ai à causer avec mademoiselle Élise Boitel.

ÉLISE.

Je suis à vos ordres, monsieur!...

Elle fait signe à madame Charles qui se retire.

MADAME CHARLES, à elle-même.

Poulet !... Un notaire qui s'appelle Poulet !... Je ne trouve pas ça sérieux, moi !...

Elle sort.

SCÈNE VI

POULET, ÉLISE.

POULET, très léger.

Vous plaît-il d'accepter un siège, mademoiselle... ou madame ?... Comment dois-je vous appeler ?

ÉLISE, s'asseyant.

Mademoiselle...

POULET.

Soit ! mademoiselle... quoique !... Enfin... Peut-être, mademoiselle, avez-vous entendu déjà parler de moi, par ce pauvre Aristide... C'était un de mes amis de collège... Poulet !... Me Poulet ?...

ÉLISE.

Hier, monsieur, j'ai déjà eu l'honneur de vous répondre que non.

POULET.

Elle est bonne, celle-là !... Enfin !... j'étais le confident de votre... ami ! Dans le temps, au quartier, nous avions fait la noce tous les deux !...

Il rit.

ÉLISE.

Monsieur !...

POULET, riant plus fort.

Avec des petites femmes... je me souviens d'une, surtout...

ÉLISE, se levant.

Monsieur !... il est là !

POULET.

Ah !... Il est... pardon !... pardon !... Tous les quatre ou cinq mois, il m'écrivait, et une fois l'an, il venait chasser chez nous, dans les Ardennes... On s'amusait, on courait la bécasse... On la courait même de toutes les façons, la bécasse... parce que...

Il rit.

ÉLISE.

Enfin, monsieur ?...

POULET, sérieux.

Enfin, voici : Aristide ne se faisait guère illusion sur son état de santé !... aussi, se sachant condamné, il vivait sur son capital ; malgré mes conseils, mademoiselle... et alors, qu'il passait pour très riche, il meurt presque pauvre.

ÉLISE.

Eh ! monsieur, que m'importe !...

POULET.

Certainement... certainement... mais enfin, j'avais à éclairer la situation, puisque, je vous l'ai dit hier, en débarquant, vous êtes héritière !... Dans sa dernière lettre il me dit avoir laissé ses dispositions, en cas de malheur — vous voyez qu'il prévoyait sa fin — dans le double fond d'une boite à cigares placée très en vue.

ÉLISE, se levant.

Sur ce meuble, peut-être.

Elle indique le secrétaire.

POULET, passant au meuble.

Oui !... (A part.) Etonnante indifférence !... Ah ! si

tous les héritiers étaient comme cela !... (Il ouvre la boîte, retire les cigares.) Oui, voyons ce double fond. Il m'a raconté l'avoir fait fabriquer exprès, parce qu'il avait vu jouer les « Pattes de mouches ». Vous connaissez les Pattes de mouches ?

ÉLISE.

Non, monsieur...

POULET.

Jolie pièce... Ah ! voilà !... (Il fait jouer le ressort et en tire deux enveloppes.) « Ceci est mon testament »... et « à mademoiselle Élise Boitel. »

ÉLISE.

Une lettre pour moi ?... Ah merci... merci, mon bon Aristide, de cette sainte pensée...

Elle saisit la lettre.

POULET.

Quant au testament je l'emporte... je le connais du reste, puisque j'en ai le double... je vous l'ai déjà dit.

ÉLISE.

Oui, oui... Ah ! il a pensé à son amie !...

Elle embrasse la lettre.

POULET, il met le testament dans sa poche.

J'ai vu bien des héritiers... mais jamais comme ça... (Haut.) Mademoiselle, je produirai demain ce testament comme notaire... ici je suis l'ami... (Il commence à mettre machinalement les cigares dans sa poche.) Si vous voulez lire votre lettre !...

ÉLISE.

Non, monsieur ! je ne la lirai que seule avec celui qui l'a écrite.

POULET.

Ce sera moins gai !

ÉLISE.

La gaité n'a pas lieu d'être ici.

POULET, tout en causant, met un cigare dans sa bouche.

Ah ! pardon !... elle existe partout la gaité. Ce n'est pas parce qu'un ami fait le grand voyage pour que... Il venait me voir une fois tous les ans, je vous l'ai dit. Je vais simplement me figurer qu'il a oublié de venir... Et tout sera fini. Ma tristesse le rappellerait-elle à la vie?... Non, n'est-ce pas?... Le tout n'est que de se le figurer; mais je bavarde.., je bavarde.. et j'oublie que vous avez une lettre à lire.. Mademoiselle, j'ai bien l'honneur de vous saluer.

ÉLISE.

Monsieur...

POULET.

Vous n'auriez pas une allumette pour allumer...

ÉLISE.

Non !...

POULET.

Tant pis! j'en demanderai une à la concierge. (A part.) Drôle d'héritière..

Il sort à gauche, pan coupé.

ÉLISE.

Tous ! Tous ! sans cœur et sans âme !

Le jour baisse, elle allume une bougie, avec une allumette qu'elle prend dans un porte-allumettes sur une table.

SCÈNE VII

ÉLISE, seule, décachetant sa lettre.

Et maintenant, parle-moi, mon pauvre et bon ami ; il me semble qu'en te lisant, c'est ta chère voix que je vais entendre encore...

« Ma bonne Lise, je suis certain qu'en lisant cette
» lettre, vous aurez les yeux mouillés de larmes,
» car vous étiez ma douce petite amie, ma sœur...
» cette lettre ne doit vous être remise que lorsque
» je n'existerai plus!... Elle vous apprendra un se-
» cret que peut-être vous avez deviné ; votre sœur,
» pauvre belle, faite pour aimer et être aimée a été
» mariée au plus égoïste, au plus grossier des
» hommes. De là, sans doute, son amour pour moi
» et notre liaison coupable !... Pardonnez-la. Je
» possède, d'elle, des lettres, des lettres tendres,
» passionnées. C'est vous que je charge de les lui
» remettre, en vous gardant bien de les lire. Elles
» vous diraient trop la haine et le mépris dans les-
» quels elle tenait son mari !.. Vous les trouverez
» dans le premier tiroir de mon petit secrétaire !..
» Adieu... ma pauvre et sainte enfant, c'est à vous
» que je laisse tout ce que je possède... C'est en vo-
» tre faveur, ma pauvre belle grêlée, que j'ai fait
» mon testament, pour que, seule, vous ayez le droit
» de prendre ces lettres de votre sœur... Adieu !...
» Aristide de Farges... »

Il a mis, comme toujours, tout son cœur dans ses paroles !

Elle va s'agenouiller dans l'intérieur de l'alcôve. Quand elle entr'ouvre les rideaux on aperçoit le corps d'Aristide étendu sur un lit de repos, éclairé par des bougies allumées. Les rideaux se referment sur elle.

SCÈNE VIII

ÉLISE, dans l'alcôve, AURÉLIE.

AURÉLIE, entre très hésitante, par la gauche pan coupé.

Personne !.. Lise sera remontée dans sa mansarde. Pourtant la concierge m'a dit que je devais la trouver ici. Tant mieux qu'elle n'y soit pas ! Je vais pouvoir agir !... Mathieu m'a semblé hésitant dans sa promesse de me faire rendre mes lettres. Elles seraient aussi dangereuses entre ses mains que dans celles de cette petite vipère d'Élise... Elles sont là, dans ce meuble !... mais les scellés... les scellés à briser. C'est la prison ! la prison pour Élise... elle seule est responsable !... Bah ! je n'ai pas à hésiter. C'est ma vie que je défends. Tant pis pour les autres !...

Elle va pour porter la main sur le scellé. On a vu Elise ouvrir les rideaux de l'alcôve et s'approcher de sa sœur. Au moment où elle va briser les scellés, Elise lui saisit le bras.

ÉLISE.

Malheureuse !

AURÉLIE, pousse un cri.

Ah ! Grâce !..

ÉLISE.

Que fais-tu là ?

AURÉLIE.

Toi!.. C'est toi!..

ÉLISE.

Oui... C'est moi, qui te demande ce que tu viens faire ici... ce que tu allais faire, si je ne t'avais pas arrêtée.

AURÉLIE.

J'allais... J'allais reprendre mon bien!..

ÉLISE.

Mais je suis gardienne des scellés... responsable devant la loi, et tu n'ignores pas qu'un de ces meubles ouverts, c'est pour moi la prison!... l'infamie!..

AURÉLIE.

Il y a là-dedans des lettres... qui peuvent me perdre et je les veux!...

ÉLISE.

Je te les rendrai, quand les scellés seront levés.

AURÉLIE.

Non, tu ne me les rendrais pas!., tu les porterais à mon mari...

ÉLISE.

Mais, malheureuse, si je voulais te perdre, je n'aurais qu'à révéler la vérité à ton mari.

AURÉLIE.

Il ne te croirait pas.

ÉLISE.

Oui! Tu as été assez habile pour lui fermer les

yeux, pour le convaincre; mais, il croirait peut-être cette lettre, qu'Aristide, prévoyant sa mort prochaine, m'écrivait, et dans laquelle il avoue sa liaison avec toi.

AURÉLIE.

Montre-la moi!

ÉLISE.

Non!.. c'est par elle que je te tiendrai, quand ta méchanceté voudra s'exercer sur moi.

AURÉLIE.

Ah! je comprends maintenant toute la haine que je t'inspire!..

ÉLISE.

Ma haine?.. Est-ce M. le Président Mathieu des Taillis qui t'en a informée?

AURÉLIE.

Quand ce serait lui! Je veux mes lettres! C'est tout de suite qu'il me les faut!...

ÉLISE.

Je t'ai dit que tu ne les aurais pas.

AURÉLIE.

Ah! prends garde!

ÉLISE.

Oh! tu ne me fais pas peur!.. C'était une enfant qui te quittait hier... c'est une femme qui est aujourd'hui devant toi.

AURÉLIE.

Oui!.. une femme... la maîtresse de mon amant!

ÉLISE.

Tu sais bien le contraire.

AURÉLIE.

Oh! je t'ai devinée, et mon mari avait compris ce que tu valais! Ainsi est justifiée l'aversion qu'il te montrait et que je partage aujourd'hui!... Tu as toujours été jalouse de moi... jalouse de mon mariage, de mon existence!.. même de ma faute!...

ÉLISE.

Dont je subis le poids!...

AURÉLIE.

Ah! Vous vous êtes bien moqués de moi, Aristide et toi!

ÉLISE.

Aurélie, je te défends de parler ainsi dans cette chambre où il repose!

AURÉLIE.

Je veux mes lettres!.. et je les aurai, quand je devrais..

ÉLISE.

Un pas de plus, et j'appelle!..

AURÉLIE.

Tu ne le feras pas!

ÉLISE.

Essaye!.. (Aurélie recule épouvantée.) Pourquoi aurais-je plus de pitié pour toi que tu n'en as eu pour moi... Ah! c'est qu'il n'y a plus rien pour vous dans mon cœur!... Parce que vous avez été toi et ton mari impitoyables pour le pauvre défunt! Ton mari qui croit avoir tué ce malheureux, son ami, n'a pas eu une larme pour lui. C'est sa haine pour moi qui a tout absorbé!! Et toi...

AURÉLIE.

Moi!

ÉLISE.

Toi, c'est pis encore... après avoir eu l'horrible courage que tu as montré au cours de la nuit terrible... tu n'as eu qu'une pensée : ta situation en péril; si tu as pleuré, c'est sur toi-même!...

AURÉLIE.

Tu sais bien que je ne pouvais pas venir ici sans me compromettre.

ÉLISE.

Tu ne pouvais pas venir ici comme amante, mais tu sais bien y accourir comme voleuse!

AURÉLIE.

Élise... Ecoute-moi!...

ÉLISE.

Non!... nous n'avons plus rien à nous dire!... retourne vivre en paix auprès de celui que tu es si digne d'avoir comme époux!...

AURÉLIE.

Ah!... Perdue pour perdue!...

Elle avance vers le meuble. On entend, à gauche, la voix de Ténard.

ÉLISE.

Aurélie!...

TÉNARD, au dehors.

Et moi je vous dis que ma femme est là!...

AURÉLIE.

Lui!... Grand Dieu! tu l'entends?

ÉLISE.

Allons... entre là!

Elle ouvre les rideaux de l'alcôve.

AURÉLIE, avec effroi.

Près de...!

ÉLISE.

Oui! C'est là seulement que ton mari n'osera pas aller te chercher.

AURÉLIE, se cachant le visage.

Oh! j'ai peur!...

Elle entre dans l'alcôve, dont les rideaux se referment.

SCÈNE IX

ÉLISE, TÉNARD, MADAME CHARLES, AURÉLIE, cachée.

La porte de gauche pan coupé s'ouvre et Ténard paraît.

MADAME CHARLES, suivant Ténard.

Et moi je vous dis, monsieur, qu'il n'y a ici que la jeune demoiselle.

TÉNARD, furieux.

La Grêlée!... Ah! Elle est raide, celle-là!... mais l'autre aussi, sa sœur... est entrée dans cette maison!... Je l'ai vue, je vous dis! je connais bien la tournure de ma femme peut-être!... Et puisqu'elle se cachait, c'est qu'elle était en faute!... Au fait, ça ne vous regarde pas, tout ça!

ÉLISE, s'avançant.

Madame Charles, voulez-vous me laisser avec M. de Marby?

Madame Charles sort.

SCÈNE X

ÉLISE, TÉNARD, AURÉLIE, cachée.

TÉNARD.

Te voilà donc, toi, torchon!... c'est bien, nous causerons plus tard!... pour l'instant, tu vas me dire où est ta sœur?

ÉLISE.

Pourquoi ma sœur serait-elle venue ici?

TÉNARD.

Je ne sais pas!... Mille millions de tonnerres!... Mais elle y est! Tu sais bien qu'on ne me fait pas prendre des vessies pour des lanternes, à moi!

ÉLISE.

Alors cherchez!...

TÉNARD.

Oui, je vais chercher!...

Il s'élance dans l'appartement par la porte de gauche, premier plan.

AURÉLIE, entr'ouvrant les rideaux.

Auras-tu la force de lui résister jusqu'au bout? Auras-tu pitié de moi?

ÉLISE.

Je ne suis pas une gueuse moi! Le voici qui revient!

Aurélie disparaît.

TÉNARD, rentrant.

Personne!... c'est extraordinaire. . Ah ça! est-ce qu'on se moquerait de moi, ici?... Ça n'irait pas, mille bons Dieux!... Ah! cette alcôve...

ÉLISE, se plaçant devant lui.

Je vous défends d'entrer là!...

TÉNARD.

Tu me défends? à moi?

ÉLISE.

Oui! je suis chez moi!

TÉNARD.

Chez toi?

ÉLISE.

Puisque je suis chez mon amant!

TÉNARD.

Allons... épargne-moi ces ignobles aveux, je veux entrer!...

ÉLISE, tirant les rideaux de l'alcôve qui laissent voir le cadavre étendu d'Aristide, Aurélie est cachée. Ténard qui a fait un pas en avant, hésite.

TÉNARD, ému, enlève son chapeau, et dominé, met un genou à terre.

Pardon!... Pardon!...

Élise referme les rideaux. Ténard se relève.

ÉLISE.

Allons, Hilaire, revenez à la raison. Vous avez

demandé pardon à ce mort, de venir troubler sa quiétude, vous avez bien fait.

TÉNARD.

Je n'ai pas de compliments à recevoir de toi, misérable! Non! mais ça parle... Ça ose parler!... C'est trop d'audace!... parce que ce pauvre niais a eu des bontés pour ce chiffon, ça se croit quelque chose... Non! vrai! c'est à se tordre!...

ÉLISE.

Vous blasphémez, Hilaire; vous injuriez un mort.

TÉNARD.

Est-ce parce qu'un homme n'est plus qu'on ne lui doit pas la vérité?... Oui... c'était un niais!... et toi, une... suffit!... Ah! tu l'avais bien entortillé, pour te faire enlever. Aussi il t'a laissé de quoi vivre avec tes pareilles! les traînées de la rue.

ÉLISE.

Et dire que si je voulais me venger, d'un mot, d'un seul mot...

TÉNARD.

Dis-le donc, ce mot?

ÉLISE.

Non! Vous me faites trop honte! et c'est moi qui rougis de vous!

TÉNARD.

Elle m'insulte! Elle me menace, cette coquine!

ÉLISE.

Ah! ne me poussez pas à bout!

TÉNARD.

Eh bien! si, je te pousserai à bout! Tu n'es qu'une drôlesse!... une gueuse!... c'est toi qui aurais perverti ta sœur, si tu étais restée un jour de plus dans ma maison; aussi je t'en chasse comme on chasse les prostituées.

ÉLISE, ne se contenant plus.

Eh bien! cette lettre va me venger!

Elle montre la lettre d'Aristide. On voit apparaître la tête d'Aurélie, dans les rideaux.

TÉNARD.

Cette lettre?

ÉLISE, à part.

Qu'ai-je fait!

TÉNARD.

Eh bien! donne-la donc, cette lettre!...

ÉLISE.

Non!

TÉNARD.

Je te dis que tu vas me la donner, moi!

ÉLISE.

Non! Sortez d'ici, je suis chez moi!

TÉNARD.

Comment, laideron, tu oses me parler sur ce ton!... Ah ça! on prend donc le capitaine Ténard de Marby pour une vieille bête! Eh bien! tu vas voir ça... Tu m'as menacé de ce chiffon de papier... je veux savoir ce qu'il contient!

Il la saisit au poignet.

ÉLISE.

Hilaire... vous êtes un misérable... vous me faites mal.

TÉNARD.

Donne-la ou je t'étrangle!...

ÉLISE.

Au secours! au secours!

Il arrache une partie de la lettre.

AURÉLIE, s'avançant.

Mon ami, que vas-tu faire!

TÉNARD, laissant aller Élise.

Ma femme!... Ah! te voilà, toi!... Qu'es-tu venue faire ici?

AURÉLIE, allant à lui.

J'ai voulu la revoir, tenter de la ramener près de nous.

TÉNARD.

Chez moi? ah! jamais de la vie! Mais ce n'est pas tout ça! Madame de Marby, vous venez d'assister à la scène qui vient d'avoir lieu entre votre sœur et moi. Cette fille a entre les mains une lettre qui contient un secret. Ce secret, je veux le connaître. (A Élise.) Allons toi, avance à l'ordre et donne-moi le reste de la lettre.

ÉLISE.

Jamais!...

Elle s'élance vers la bougie, pendant qu'Aurélie retient Ténard, et brûle la lettre.

TÉNARD.

Mille tonnerres... Elle la brûle!... Mais laisse-moi donc, toi! Ah! la gueuse!

ÉLISE.

Devine-le, maintenant, ce secret.

TÉNARD.

Ah! ces fragments... (Il rassemble les morceaux qu'il lui a arrachés.) C'est bien l'écriture d'Aristide... (Lisant.) Pauvre belle... faite pour aimer.. au plus égoïste au plus grossier des hommes... pardonner... son amour... belle Grêlée... testament...

AURÉLIE, insinuante.

Tu vois... Belle grêlée... c'est à Lise !...

TÉNARD.

A Lise...

AURÉLIE.

Que supposiez-vous donc ?

TÉNARD.

Moi... je... rien !.. pauvre belle faite pour aimer !.. Ça n'est pas de ce laideron-là qu'il a pu dire... Après tout, il était bien assez naïf pour ça, pauvre garçon, va !

AURÉLIE, à part.

Elle ne me perdra pas !

TÉNARD.

Allons... Madame Ténard de Marby, nous n'avons plus rien à faire ici,.. en route !.. et au revoir, toi... car nous nous reverrons, la Grêlée.

ÉLISE.

Jamais !.. adieu !..

TÉNARD.

Adieu !.. Au fait, oui, ça vaut mieux !.. au moins tu ne feras plus rougir ta sainte sœur !.. Viens, toi !

Ils sortent par la gauche pan coupé.

SCÈNE XI

ÉLISE, seule.

Elle les regarde sortir.

Oh ! que je les hais !.. que je les hais !.. ils n'ont même pas un regard pour lui !... La fatigue m'accable !... je vais rester ici... près de lui... je ne veux plus te quitter jusqu'au moment où l'on viendra te chercher. Dors en paix, pauvre ami !... (Elle s'agenouille devant l'alcôve.) Ta chère âme nous voit, nous juge !.. (Elle se relève.) Mon Dieu,.. que vais-je devenir seule, toute seule dans ce monde ?... (Elle s'étend sur le canapé à gauche.) Il fait une chaleur accablante !... Je tombe de sommeil... de lassitude... (S'endormant.) Aristide ! cher Aristide !... que ta pensée me soutienne jusqu'au bout... je sens que déjà le courage me manque.

Elle s'endort. On voit une main s'allonger par la fenêtre entr'ouverte, lever l'espagnolette sans bruit et pousser doucement les battants de la fenêtre. Alors, apparaît le grand Julot.

SCÈNE XII

ÉLISE, endormie. JULOT.

JULOT.

De la lumière pour veiller des morts, c'est bête comme tout; mais ça sert aux vivants. Une, deux ! j'y suis! (Il enjambe la fenêtre.) Voilà où l'on bénéficie des leçons de Sainte Gymnastique!.. Un rétablissement et ça y est!.. Autant que possible, ne perdons pas de temps!.. voilà mon meuble... les scellés... Nous allons faire l'ouvrage des hommes de loi! M'en seront-ils reconnaissants? V'là ce que j'ignore... (Il fait sauter le scellé du secrétaire.) La clef est sur la porte. Elle a l'air de vous dire : donnez-vous la peine d'entrer. (Ouvrant le meuble.) J'entre sans frapper!... maintenant, barbotons, mon canard... des bijoux!... de famille sans doute... avec, je vas m'en faire une. (Il empoche les bijoux.) Un rouleau d'or... bon ça... (Même jeu.) Un paquet... de titres?.. Non... de lettres... de femmes... Eh! Eh! mais je connais cette écriture-là. (Allant à la signature.) Aurélie!.. Ah! bah! Aurélie! Pauvre fille!.. (Parcourant les lettres.) Oui... c'est bien elle!.. J'ai été son premier!.. Elle avait bien quinze ans!... Il me semblait avoir entendu dire qu'elle était mariée!.. après tout, ce n'est pas une raison... Oui, c'est bien d'elle! Allons, allons, ceci vaut son pesant d'or!.. Je les lirai plus attentivement à tête reposée... et je les ferai rapporter. Ce n'est pas que des paroles, ça, c'est des actions!.. Maintenant... ah! un portefeuille! (Il l'ouvre.) Des papiers bleus... un... deux... cinq... dix! décidément c'est de la chance!.. la voilà donc l'occasion que j'attendais depuis si longtemps!.. Mon petit Julot, te v'là du pain sur la planche!.. A toi la grande vie!... (Elise fait un mouvement.) Hein!.. quelqu'un!.. (Il sort vivement un grand couteau.) Cré nom! (Il se retourne, regarde avec inquiétude et aperçoit Elise.) Une femme... (Il marche vers elle.) Ah! tant pis pour toi, ma petite, si tu ne dors pas!.. Non!.. Elle pionce!.. et rudement encore... Tiens!..

elle est grêlée!.. mais gentille, cristi! si on avait le temps! Allons, Julot, contiens tes passions, mon garçon. T'as ton magot, décampe.

Il regagne la fenêtre et disparaît.

ÉLISE, *rêvant.*

Aristide !.. Aristide !..

On entend au dehors un coup de feu.

SCÈNE XIII

ÉLISE, *évanouie*, MADAME CHARLES, DEUX AGENTS.

On entend frapper à la porte de gauche, pan coupé. Un silence. On frappe de nouveau, mais plus fort.

LA VOIX DU PREMIER AGENT, *après un nouveau silence.*

Au nom de la loi, ouvrez! (*Un silence.*) Ouvrez ! ou nous enfonçons la porte.

MADAME CHARLES, *criant.*

Mais c'est pas la peine, puisqu'elle n'est pas fermée !

La porte s'ouvre, madame Charles entre, suivie du premier agent.

PREMIER AGENT.

La fenêtre ouverte !... Et la petite qui dort. Elle a le sommeil dur.

DEUXIÈME AGENT, *accourant du dehors.*

J'ai tiré en l'air, sur un homme qui se sauvait par une fenêtre ; mais il m'a échappé.

PREMIER AGENT.

Fallait tirer dessus...

DEUXIÈME AGENT.

Je n'ai pas osé.

PREMIER AGENT.

Novice, va ! Allons, la fille.

MADAME CHARLES.

Ne la réveillez pas *en cerceau*.

PREMIER AGENT.

En v'là des embarras pour une soumise.

MADAME CHARLES.

Une soumise ?

PREMIER AGENT.

Si elle ne l'est pas encore, elle ne tardera pas. Tenez. (Montrant un ordre.) Ordre de la Préfecture de Police.

MADAME CHARLES.

C'est pas possible !

PREMIER AGENT.

Vagabonde... sans domicile !

MADAME CHARLES, réveillant Elise.

Mam'zelle Lise !... Mam'zelle Lise ? Entendez-vous ?

DEUXIÈME AGENT, au premier agent.

Eh ! là !.. regarde donc ! les scellés sont brisés.

PREMIER AGENT, il va au meuble.

Les scellés... C'est vrai !.. Eh bien, son affaire est bonne.

ÉLISE, revenue à elle.

Qu'y a-t-il ? Que veulent ces hommes ?

PREMIER AGENT.

Ce qu'ils veulent ? Élise Boitel, c'est bien vous ?

ÉLISE.

Oui, monsieur.

PREMIER AGENT.

Au nom de la loi, je vous arrête !

ÉLISE, se redressant.

Moi ?.. Et pourquoi ?.. Qu'ai-je fait ?.. Ah ! je comprends... je devine... c'est ce misérable vieillard... C'est ce Mathieu des Taillis !...

PREMIER AGENT.

Voulez-vous ne pas prononcer ce nom-là !... Allons, en route !

ÉLISE.

Je ne vous suivrai pas, je suis innocente. Je n'ai rien fait pour qu'on m'arrête !

PREMIER AGENT.

Eh ! bien ! Et ces scellés brisés ?

ÉLISE.

Ah ! mon Dieu !...

DEUXIÈME AGENT, lui mettant la main sur l'épaule.

Allons, la petite mère, suivez-nous !

ÉLISE, se dégageant.

Non ! non ! Vous êtes des misérables !... ses complices... C'est par son ordre que ces scellés ont été brisés (Les deux agents la saisissent.) Je vous défends de me toucher.

PREMIER AGENT, la maintenant.

Ah ! tu vas te taire !

MADAME CHARLES.

C'est ignoble de traiter une femme de cette façon-là !

PREMIER AGENT.

Vous, mêlez-vous de vos affaires, ou nous vous emmenons avec elle.

Ils entraînent Elise.

ÉLISE, se débattant.

Vous êtes des lâches. A moi ! A moi ! Au secours ! Ah !

Rideau.

ACTE QUATRIÈME

—

CINQUIÈME TABLEAU

Mistress Loïs Bott.

Le théâtre représente un jardin d'hiver, ouvrant au fond sur le parc brillamment éclairé, de l'hôtel de Marby. Meubles de jardin. Bancs, fauteuils, guéridon, plantes. Lustres formés de fleurs lumineuses. Au loin, un orchestre de bal qui se fait entendre pendant une partie de l'acte.

SCÈNE PREMIÈRE

JULOT, LOUIS, BADOCHE, GARÇONS DE SERVICE, porteurs de plateaux et de rafraîchissements.

LOUIS.

Il faut tout de même que ces particuliers-là aient de quoi, car je n'ai jamais rien vu de plus beau !... et toi, mon vieux Badoche ?

BADOCHE.

Moi, c'est la patronne de la maison que je trouve

épatante!... ce qu'elle vous a un regard!... du velours... du vrai velours!

LOUIS, désignant Julot.

Le nouveau aussi l'a remarquée... reluque-le donc! depuis qu'elle est passée dans le jardin, tout à l'heure, il est comme pétrifié!

Ils vont, viennent disparaissent par instant.

JULOT, à lui-même, il est en habit noir, tenue de soirée.

Elle est plus belle encore qu'autrefois! Qui se douterait, en voyant cette fière baronne, qu'elle a été la petite cartonnière que j'emmenais le dimanche déjeuner sur l'herbe aux *fortifs*! Dire que cette créature-là a été à moi... avant d'être aux autres! que je la faisais pleurer en lui refusant de l'embrasser, que c'était entre mes mains un joujou, une poupée! Ah! mon vieux Julot, l'élève a dépassé le maître!

BADOCHE, à Julot.

Eh bien! camarade, vous n'attraperez pas de courbature si vous continuez comme cela à nous aider.

JULOT.

Je vous regarde, ça me suffit...

LOUIS.

A-t-il un aplomb! oui, mais nous...

JULOT.

Mêlez-vous donc de vos affaires... je suis avec vous en extra! Du reste voilà M. Aublet, l'ordonnateur de la maison Potel et Chabot, plaignez-vous à lui, si vous voulez!

LOUIS.

Parbleu! c'est lui qui vous a engagé... C'est égal, c'est pas juste.

SCÈNE II

LES MÊMES, AUBLET.

AUBLET, entrant du fond gauche.

Allons, vivement !... Ah ça ! est-ce que vous croyez que vous êtes là pour orner les salons?

LOUIS.

Nous regardions monsieur rien faire.

AUBLET.

Si monsieur ne fait rien, ce n'est pas votre affaire.

JULOT.

Ça, c'est tapé.

AUBLET.

Allez préparer les tables pour le souper, sur la terrasse.

BADOCHE, désignant Julot.

Et mossieu ?... Il ne vient pas?

AUBLET.

Non! il va rester pour surveiller.

JULOT.

Pour surveiller ! Ah ! ça vous embête ça.

LOUIS.

Y en a qu'ont de la chance dans la vie.

Il sort fond gauche avec Badoche.

SCÈNE III

EMILE AUBLET, JULOT.

AUBLET.

Eh bien, Julot, vous voilà chez madame la baronne de Marby.

JULOT.

Oui, la mère Madeleine a tenu sa parole, je tiendrai la mienne.

AUBLET.

Vous l'avez vue, votre Aurélie?

JULOT.

Elle est plus jolie que jamais !

AUBLET.

Et plus dangereuse encore sans doute.

JULOT.

Oh! pas avec moi, je suis blindé. Je n'ai pas encore aperçu son mari, faudra me le présenter.

AUBLET.

Le mari voyage. Sa femme a su lui obtenir une fonction qui l'éloigne continuellement de Paris.

JULOT.

Alors il roule pendant... Et qu'est-ce qui paye la noce ici ?

AUBLET.

M. le Président Mathieu des Taillis.

JULOT.

Chouette!... comme tout s'enchaine dans la vie... J'avais entre les mains des lettres de la fière Aurélie, et ça valait cher. J'ai eu la bêtise de les serrer dans un paquet que j'avais laissé en gage à la mère Madeleine, votre tante, en attendant que je la paye des cent quarante-huit francs que je lui dois. La mère Madeleine, qui n'a pas le scrupule des choses sacrées, a fouillé dans le tas, pour voir si le paquet représentait les cent quarante-huit balles ; elle a trouvé les lettres, vous étiez là, elle a eu le toupet de les lire et elle a sauté dessus, comme un sergot saute sur un honnête homme.

AUBLET.

Vous ne m'avez jamais dit comment ces lettres étaient tombées entre vos mains?

JULOT.

Ça, j'avais pas à vous le dire!... Je les ai eues, c'est l'important!... et la mère Madeleine a eu du flair de les dévisager, puisqu'elle prétend que ces papiers ont autant d'importance pour vous que pour moi!... Moi, avec ces lettres, je comptais me faire six mille livres de rente et finir en honnête homme... j'aurais voulu devenir marguillier! c'est ma toquade!

AUBLET.

Il dépend de vous, que la somme promise par ma tante, vous appartienne demain! vous avez bien compris?...

JULOT.

C'te bêtise!... Il faut que j'amène Aurélie au *Vincent z'haut!...* parait que la mère Madeleine a envie de cultiver sa connaissance !... Et elle y viendra la petite baronne ! Seulement cela ne sera pas commode. Si vous m'aviez amené ici plus tôt...

AUBLET.

Non ! ce que j'entreprends est grave et j'ai dû attendre... choisir mon heure !...

JULOT.

Pas plus tard que demain, sous prétexte d'une ballade et pour nous rappeler le passé, Aurélie et moi nous irons conjointement manger la friture à Suresnes !... (Chantant.) *Et l'on revient toujours !...* comme dit la chanson !...

AUBLET.

Voici du monde ! Dissimulez-vous et attendez le moment favorable pour lui parler.

JULOT.

Soyez donc sans crainte... Si j'avais pas été cartonnier, j'aurais été diplomate !

Ils sortent à gauche, premier plan.

SCÈNE IV

AURÉLIE, MATHIEU DES TAILLIS, venant de droite au fond.

MATHIEU.

Il n'y a que vous, chère belle, pour réunir en aussi peu de temps des merveilles pareilles !

AURÉLIE.

Math ! Math ! vous devenez flatteur !...

MATHIEU.

Non ! vraiment, tu es une fée.

AMÉLIE.

Et vous un enchanteur !... car, mon bon Math... c'est votre ouvrage que vous admirez !... Si vous oubliez, moi je me souviens que tout ce que je fais, je le puis faire grâce à vous, grâce à votre généreuse amitié.

MATHIEU.

Ne parle pas de cela !... Je suis mille fois payé quand je te vois heureuse ! tes belles mains sont faites pour semer l'or. (Il la fait asseoir.) Que m'importe si les folies auxquelles je me livre pour toi, me valent un de ces sourires que j'aime tant !...

AURÉLIE.

Aussi, je vous aime bien, mon bon Math...

MATHIEU.

Enfin, tu es heureuse.

AURÉLIE.

Comment pourrais-je ne pas l'être ! Grâce à vous, mon mari a obtenu un emploi supérieur !... Vingt mille francs d'appointements.

MATHIEU.

Oui ! un emploi que l'on a créé spécialement pour lui ! Cela le retient une partie de l'année en province...

Il rit.

AURÉLIE.

Hélas ! oui, le pauvre homme.

MATHIEU.

Le regrettes-tu ?... je puis le faire revenir ?

AURÉLIE, vivement.

Non... non... sa situation d'abord!... Et vous, Mathieu, êtes-vous content de moi?

Elle va s'asseoir à droite.

MATHIEU, s'asseyant près d'elle.

Aurélie, j'ai un reproche à vous adresser.

AURÉLIE, se lève.

Un reproche...?

MATHIEU.

Oui, depuis quelque temps, il me semble que vous recevez avec beaucoup trop d'empressement ce jeune officier de marine, M. de Mayran!

AURÉLIE.

Deviendriez-vous jaloux?... Oh, le vilain défaut!

MATHIEU.

Vilain ou non... je l'ai, ce défaut, vous le savez.

AURÉLIE.

Je connais la famille de Mayran... je me suis liée avec la mère de ce jeune homme... et elle m'a demandé d'user du peu d'influence que je puis avoir sur son fils, pour l'empêcher de commettre une folie!...

MATHIEU.

Ah! oui!... cette chanteuse américaine, n'est-ce pas? Cette mistress Loïs Bott! dont le jeune homme s'est épris.

AURÉLIE.

Vous devez comprendre, mon ami, le désespoir de la pauvre marquise!... Son fils épouser cette nouvelle débarquée que personne ne connait!... qui, parait-il, ensorcelle tous ceux qui l'approchent, et qui a jeté son dévolu sur le blason et la fortune du marquis de Mayran!... Ce jeune homme est affolé à ce point qu'il parle de se tuer, si sa mère refuse son consentement.

MATHIEU.

C'est uniquement pour cette cause que vous recevez ce marin avec tant d'empressement?

AURÉLIE.

Uniquement. Cette chanteuse n'a encore paru dans aucun salon, sur aucun théâtre. Je lui ai fait offrir cent louis pour venir ce soir ici, elle a refusé!... j'ai poussé jusqu'à cinq mille francs. Elle a accepté.

MATHIEU.

Cinq mille francs, une chanteuse, c'est cher!

AURÉLIE.

Non.

MATHIEU.

Vous dites non, parce que ce n'est pas vous qui paierez.

AURÉLIE.

Je dis non, parce que j'espère, grâce au petit scandale que j'ai préparé, rompre la liaison de M. de Mayran.

MATHIEU.

Cet ancien agent de la Sûreté auquel je vous ai adressée, vous a donc fourni les renseignements que vous désiriez?

AURÉLIE

Il doit me les faire parvenir ce soir même. Si je réussis, j'aurai rendu service à une noble femme, et sauvé d'une perte certaine l'un des plus vaillants officiers de la marine française.

MATHIEU, riant.

Alors, c'est pour la patrie que vous travaillez.

AURÉLIE.

Et que vous me donnerez ces cinq mille francs, oui, mon ami.

MATHIEU.

Rien que pour la patrie?

AURÉLIE.

Quand je vous le dis!

MATHIEU.

Je veux vous croire!... mais l'on doit s'apercevoir de votre absence... Venez-vous?...

AURÉLIE.

Non! il faut préparer les batteries de mon petit scandale. Ah! je vous jure que la chanteuse américaine va regretter de ne pas être restée dans son Nouveau Monde.

MATHIEU, lui baisant la main.

Vous êtes un démon.

Il sort fond droite, rejoint par deux invités qui passaient.

SCÈNE V

AURÉLIE, seule, puis JULOT.

AURÉLIE.

Jamais, je crois, je n'ai eu le cœur pris ainsi!... peut-être est-ce le dédain qu'il me témoigne... Elle est donc bien belle, cette fille, qu'il me la préfère!...

Oh! je la hais, et je sens que je ne reculerai devant rien, pour l'écarter de mon chemin!

JULOT, est entré de gauche, s'approche doucement et se penche vers elle.

Bonsoir, Lili!...

AURÉLIE, se relevant, effrayée.

Que me veut cet homme?

JULOT.

Cet homme?... comment, cet homme?... Tu ne me reconnais pas?

AURÉLIE.

Qui êtes-vous?... Que demandez-vous?

JULOT.

Qui je suis?... Julot... J'ai donc bien changé?... C'est pas flatteur!... Aurélie... tu m'affliges!... J'aurais jamais cru que t'aurais si bien oublié ton premier!...

AURÉLIE.

Vous êtes fou!

JULOT.

Oh! que non!... Ah! dame, on a pâti!... Pendant que tu montais, moi je descendais. La balance, quoi!... C'est dans l'ordre!... et il a fallu que je vienne ici, dans ton hôtel, m'ame la baronne, pour qu'on ait celui de se revoir!

AURÉLIE.

Je ne vous connais pas!... Sortez!...

JULOT.

Décidément t'es pas gentille!... C'est pas bien de renier les amis comme ça! Aurélie, j'ai à te causer sérieusement.

AURÉLIE.

Je vous préviens que je vais appeler et vous faire arrêter comme un malfaiteur!

Elle va sonner.

JULOT.

C'est bon!... Inutile de déranger ta valetaille!... Je me reconduirai tout seul!... je m'en vas!... mais vois-tu, Aurélie, t'as tort de me sabouler comme ça, parce que... suffit... (Cérémonieusement.) M'ame la baronne... on se revoira!... En attendant, j'ai l'honneur d'être votre très humble et très obéissant serviteur!...

Il sort par la gauche, premier plan.

SCÈNE VI

AURÉLIE, puis OLIVIER DE MAYRAN et DE CHAPET.

AURÉLIE, seule.

Le grand Jules!... chez moi!.. Ainsi, ce passé que depuis tant de temps j'étais parvenue à faire oublier... ce passé se dresse tout à coup devant moi... j'ai peur!...

Aurélie est masquée par des touffes d'arbustes, elle tombe assise.

DE CHAPET, donnant le bras à Olivier et venant du fond droite.

Je te parle comme un ami doit parler!...

OLIVIER.

Alors... parce que tu es mon ami, tu as le droit de me faire souffrir.

DE CHAPET.

Non.. de te consoler.. et surtout de te conseiller.. de t'empêcher de commettre la folie la plus insigne !...

OLIVIER.

Folie que chercher le bonheur où il se trouve?

DE CHAPET.

Oui, folie d'épouser une femme dont on ne sait ni le véritable nom, ni l'origine; dont la vie est un mystère pour tous ! une femme de théâtre enfin, une aventurière !

OLIVIER.

Ah! mon cher de Chapet, je ne supporterai pas plus longtemps la discussion sur ce ton-là... Tu as des expressions...

DE CHAPET.

Je les retire, si elles te chagrinent.

OLIVIER.

Oh! terribles honnêtes gens que vous êtes, avec votre vie facile qui vous donne le mépris de tout ce qui n'est pas vous!... Mistress Loïs Bott est inconnue ici, et déjà la calomnie s'attaque à elle... parce qu'elle est belle... jeune... Qu'elle a un grand talent !... Je l'ai entendue moi, en Amérique !... C'est là que j'ai eu l'honneur de lui être présenté.

DE CHAPET.

Elle se dit veuve... et elle a vingt-deux ans; riche... et l'on ne sait d'où lui viennent ses ressources!

OLIVIER.

Femme légitime du vieux docteur Samuel Bott, elle a hérité de toute sa fortune.

AURÉLIE, qui est remontée, les écoutant, redescendant en scène.

Oui, mais ce docteur Samuel Bott a-t-il jamais existé?

OLIVIER.

Je vous l'affirme, madame, à New-York il était fort connu.

AURÉLIE.

Et le talent de chanteuse de sa veuve est réel?

OLIVIER.

Jamais voix ne fut plus pure.

DE CHAPET.

C'est vraiment dommage que Paris n'ait pu encore en juger.

AURÉLIE.

Eh! bien, monsieur de Chapet, Paris en jugera ce soir.

OLIVIER.

Elle va venir?

AURÉLIE.

Parfaitement.

DE CHAPET.

Ah bah! la belle Grêlée!

OLIVIER.

C'est impossible!... Elle me l'eût dit.

AURÉLIE.

Vous voyez qu'elle peut avoir des secrets pour vous. Et la question d'argent est beaucoup dans l'existence de cette femme; car pour deux mille francs, elle nous refusait son concours, qu'elle a bien voulu nous accorder pour cinq mille.

OLIVIER.

Qu'est-ce que cela veut dire?

DE CHAPET.

Cela veut dire, mon cher, que l'artiste est doublée en elle d'un comptable.

AURÉLIE.

Et vous êtes bien certain que cette... merveille soit Américaine?

OLIVIER.

Oui, madame.

DE CHAPET, *vivement.*

Pardon, baronne, auriez-vous des raisons de douter qu'elle soit née de l'autre côté de l'Atlantique?

AURÉLIE.

Ah! j'ai mieux que des doutes... J'ai des certitudes...

OLIVIER.

Des certitudes?...

AURÉLIE.

Les allures mystérieuses de cette Loïs Bott ont, paraît-il, éveillé l'attention de la police.

OLIVIER.

De la police?

AURÉLIE.

Parfaitement; et mon vieil ami Mathieu des Taillis, qui connait mon faible pour le jeu des petits papiers, doit me faire remettre ce soir sur cette personne, une note qui vous prouvera que cette aventurière n'est pas plus Américaine que moi.

OLIVIER.

Madame...

AURÉLIE.

Qu'elle n'a jamais été mariée à ce vieux docteur Samuel Bott, que soignée par lui, il en a fait sa maîtresse. La maitresse d'un vieillard de quatre-vingts ans!... Et qu'enfin elle a su gentiment le mener à la tombe, après s'être fait faire un testament, par lequel elle devenait possesseur de toute la fortune de ce vieil imbécile!

OLIVIER.

Qui doit vous fournir les preuves de ces calomnies?

AURÉLIE.

Mais la police française qui les tient de la police américaine.

OLIVIER.

Oh! c'est impossible!

AURÉLIE.

Nous le verrons dans quelques instants.

OLIVIER, à de Chapet.

Si cette femme a dit vrai, tu as gain de cause, mon ami!... j'en mourrai peut-être; mais je ne reverrai jamais Loïs Bott!...

SCÈNE VII

LES MÊMES, MATHIEU DES TAILLIS.

MATHIEU.

Ma chère baronne, vous me voyez menacé!... Vos adorateurs vous réclament et je ne puis les faire patienter plus longtemps.

AURÉLIE.

Eh ! bien, nous allons les rejoindre.

OLIVIER, à Mathieu.

Monsieur, on vient de m'apprendre d'étranges choses, concernant une personne... mistress Loïs Bott !

MATHIEU.

Et vous désirez savoir si ce que l'on vous a conté est vrai ?

OLIVIER.

Oui !...

MATHIEU.

Ma foi, monsieur le marquis, voici le rapport d'un homme de police, auquel la baronne s'était adressée. On vient de me le remettre à l'instant. J'ai à peine eu le temps de le parcourir, et j'allais le donner à madame de Marby. Il paraît en effet que cette prétendue Américaine est née à Paris de parents misérables ! elle fut mêlée à la mort tragique d'un homme, son amant ; et plus tard elle fut sous le coup d'un mandat d'amener ! Partant de là, il est permis de supposer que notre héroïne ne s'est pas arrêtée en si beau chemin !...

OLIVIER.

Merci, monsieur !... (A part.) Allons !... Tout est fini !...

UN DOMESTIQUE, annonçant du fond droite.

Mistress Loïs Bott.

SCÈNE VIII

LES MÊMES, ÉLISE, en grande toilette de soirée, Me POULET, une serviette sous le bras. Ils viennent par le fond droite.

AURÉLIE, allant au devant d'elle et la reconnaissant.

Elle!... Elle!...

Elle recule avec effroi.

MATHIEU.

Élise Boitel!

ÉLISE.

Veuve Samuel Bott!

OLIVIER.

Ah! je ne veux pas la voir!...

DE CHAPET, le retenant.

Au contraire!... il le faut!...

ÉLISE, à Mayran.

Monsieur le marquis, on vient de vous dire mon nom de jeune fille, Élise Boitel. Maintenant, permettez-moi de vous présenter ma sœur, Aurélie Boitel.

OLIVIER.

Votre...?

ÉLISE.

Oui!... Madame la baronne Ténard de Marby! Aurélie affirme donc à monsieur de Mayran, que nous sommes bien toutes deux, filles de Claude Boitel, le portefeuilliste du faubourg Saint-Martin.

MATHIEU.

Mademoiselle, votre audace est grande!

ÉLISE.

Moins que la vôtre, monsieur, qui vous permettez d'élever ici la voix, comme seul a droit de le faire le maître de la maison. Serait-ce donc à monsieur le capitaine Hilaire Ténard de Marby, que j'ai l'avantage de parler?

MATHIEU.

Oh! vous me connaissez bien!

ÉLISE.

En effet! M. le Président Mathieu des Taillis

MATHIEU.

Finissons cette comédie.

ÉLISE.

Une comédie?... Vous vous méprenez!... C'est d'un drame qu'il s'agit!...

Mᵉ POULET, à de Chapel, dont il a serré la main.

Moi, dans un drame!... Elle est bonne, celle-là!

ÉLISE.

Monsieur le président des Taillis n'a pas oublié le jour, où certain magistrat des plus honorables, voulut abuser de la fille Élise Boitel, une pauvre enfant très malheureuse, venue sur l'invitation de ce digne homme, lui demander aide et protection!...

MATHIEU.

Vous mentez!...

OLIVIER.

Monsieur, je vous défends de parler ainsi à madame. Vous l'accusez, laissez-la se défendre.

POULET.

C'est toujours ainsi que cela se pratique au palais; le droit de la défense est acquis, monsieur le Président.

ÉLISE.

Dès cette époque, vous étiez l'amant de la très honorée femme du capitaine Ténard de Marby!.

AURÉLIE.

Malheureuse!

ÉLISE, appuyant.

De ma chère sœur!.. Dès cette époque tu mentais et tu trahissais, comme depuis tu as trahi et menti.

AURÉLIE.

Je vous ordonne de sortir de chez moi. Sortez, ou je vous fais jeter dehors par mes gens.

ÉLISE.

C'est au bras de ton mari que j'y rentrerais! Voici qui t'explique mon acceptation de ce soir. Monsieur de Mayran, je savais que cette femme et son digne complice m'accuseraient devant vous, j'ai voulu me disculper. C'est que, voyez-vous, j'ai été la victime de ces deux misérables! Ils m'ont accusée bassement... Ils m'ont fait jeter en prison, comme une criminelle, comme une prostituée!..

MATHIEU.

Mais...

MAITRE POULET.

Et je puis affirmer, moi, notaire assermenté, que la demoiselle Élise Boitel, a été reconnue innocente de l'accusation portée contre elle! (se tournant vers olivier.) De plus j'affirme sur mon honneur, qu'elle ne fut jamais la maîtresse du malheureux Aristide de Farges.

ÉLISE.

J'ai tout souffert, tout supporté... j'ai même consenti à accepter le poids d'une faute que je n'avais pas commise !.. Et celle que je sauvais de l'infamie, de la mort, n'a pas craint de faire tomber sur moi, la plus monstrueuse des accusations !...

AURÉLIE.

Tu mens ! je te dis que tu mens ! Tu n'as jamais été mariée ! C'est sous un nom volé que tu rentres en France !

ÉLISE.

A vous de répondre, Maître Poulet.

POULET.

Facile, madame ! Et puisque madame la baronne est comme saint Thomas et qu'elle désire voir pour croire, je le lui montrerai l'acte de mariage in-extremis, entre mademoiselle Élise Boitel et le Docteur Samuel Bott, qui voulut ainsi assurer à celle qu'il considérait comme sa fille, une fortune s'élevant à douze cent mille francs... argent de France.

MATHIEU.

Allons donc !..

POULET.

Vérifiez... monsieur le Président...

Il lui tend les pièces que Mathieu repousse du geste.

ÉLISE.

Olivier, je savais que cette femme, ma sœur, ne

reculerait devant aucun mensonge, devant aucune infamie pour vous éloigner de moi !.. Et c'est pour cela que je suis venue l'accuser devant vous et vous dire la vérité sur elle et son complice !.. A eux deux ils sont capables de tout !... Ils ont fait condamner au bagne un innocent, coupable seulement d'avoir aimé cette misérable !...

Aublet paraît, venant du fond gauche.

AURÉLIE.

Tu mens !... une fois de plus, tu mens !

SCÈNE IX

LES MÊMES, EMILE AUBLET.

AUBLET, s'avançant.

Madame dit la vérité !..

MATHIEU et AURÉLIE.

Aublet !..

AUBLET.

Oui!... Aublet... (A Olivier.) C'est moi, monsieur, qui ai fait cinq ans de bagne pour cette femme !... Et c'est monsieur qui m'a fait condamner. Le trouble de madame et la colère de cet homme, affirment assez que j'ai dit vrai !..

OLIVIER.

Madame Loïs Bott... voulez-vous me faire l'honneur de devenir ma femme?

ÉLISE.

Oui !... Quand je serai vengée!

POULET, à de Chapet.

Vous voyez bien que c'est un drame !..

Changement.

SIXIÈME TABLEAU

La scène représente la chambre à coucher de madame Marby. — A gauche, l'alcôve dans laquelle se trouve le lit, dont les rideaux sont fermés. — A droite, porte d'entrée. — Au fond, cheminée. — A gauche, premier plan, porte dérobée.

SCÈNE PREMIÈRE

AURÉLIE, JULIE, en scène.

Aurélie entre de droite et va tomber sur un fauteuil, éclatant en sanglots.

JULIE.

Madame a-t-elle encore besoin de mes services?

AURÉLIE.

Non!.. Laissez-moi!.. Je veux être seule!.. Peut-être vous sonnerai-je.

JULIE.

Je suis aux ordres de madame. (A part, en sortant.) Ça sent le roussi!

Elle sort, premier plan, à droite.

SCÈNE II

AURÉLIE, seule.

Oh! la rage m'étouffe!... Perdue... déshonorée et devant lui..... devant cet homme que j'aimais, comme jamais je n'ai aimé!... Je sentais envahir mon cœur par ce sentiment irrésistible, inconnu : l'amour! Et maintenant plus rien!... l'anéantissement!... Et, si, comme Émile Aublet m'en a menacée, mon mari apprend tout, la mort peut-être! (Se levant. — Mouvement muet de rage.) Math, ainsi découvert, continuera-t-il à me défendre? L'osera-t-il devant mon mari? Ah! il vaut mieux en finir... Oui! C'est cela; fuir! Et de suite!... demain le scandale de ce soir sera public... Mon mari accourra! Mais où aller? chez Mathieu, d'abord! Il m'a perdue! Il doit me sauver en me dérobant à la colère de Ténard!...

SCÈNE III

AURÉLIE, JULOT.

Julot sort de l'alcôve. Il va à Aurélie, la saisit par le bras.

JULOT.

Madame la baronne m'excusera de ne pas m'être fait annoncer!...

AURÉLIE, pousse un cri d'effroi.

Julot ici... à moi... au...

JULOT, lui mettant la main sur la bouche.

Ne crie pas, ma belle!... Ou tu t'en repentirais, foi de Julot!... Nous avons à causer et puisque tu n'as pas voulu m'écouter au bal... Eh bien! ici tu m'entendras.

AURÉLIE, tremblante.

Je me tairai! Laissez-moi... ne me faites pas de mal!...

JULOT.

Soit!... Mais pas de tricherie, tu me connais, hein?... ou tant pis pour toi, tu sais... D'abord, je commence par m'offrir un siège!... J'en peux plus! Asseois-toi, aussi!... ici... à côté de moi, pas trop près de la sonnette.

Ils s'asseoient.

AURÉLIE.

Par où vous êtes-vous introduit dans ma chambre?

JULOT.

Par la porte. (Indiquant la petite porte de gauche.) Celle-là, la dérobée. Maintenant, ma petite Lili, tu ne vas pas recommencer la scène de tout à l'heure !

AURÉLIE.

Je vous jure que je ne vous avais pas reconnu.

JULOT, rapprochant sa chaise.

Oh ! tu peux me tutoyer !... Je te le permets... comme du temps où j'étais...

AURÉLIE.

Mon ami...

JULOT.

Ton ami ? Oui ! Vrai ! ça me fait de l'effet de revoir comme ça une gosse que j'ai aimée et qui m'a aimé ; car, tu m'as aimé, y a pas, là !...

AURÉLIE, rêveuse.

Oui ! peut-être !...

JULOT.

Sûrement !... Tu étais toute petite, Aurélie, et ton cœur était aussi souple que ta robe à dix sous le mètre. Quand tu te pendais à mon cou pour me dire : « Julot, t'es mon premier ! je te gobe tout plein, va ! je te jure que je n'en aimerai jamais d'autre !... » et trois semaines après tu me trompais avec ton vieux.

AURÉLIE.

Enfin... que me veux-tu aujourd'hui ?

JULOT.

Ah ! c'est mieux, on s'humanise !... Faut te dire, d'abord que j'étais venu rempli de bonnes intentions ! Oui !... te retrouvant plus belle que jamais,

9.

j'avais d'abord pensé que nous pourrions revivre ensemble quelques bonnes heures du passé!...

AURÉLIE.

Mes heures de vice, d'autrefois.

JULOT.

Comment que t'appelle donc celles d'aujourd'hui? Oh! j'en sais long sur toi, Lili! D'abord j'ai entendu le scandale de ce soir, dans ton jardin d'hiver, j'étais caché derrière un cactus. Alors, je me suis dit : N'y a qu'un homme au monde qui peut sauver madame la baronne, et ce cadet-là c'est bibi!...

AURÉLIE.

Toi!

JULOT.

Moi!... Tu vas comprendre... Ce qui te menace le plus, c'est un paquet de lettres à un Aristide que je n'ai jamais connu.

AURÉLIE, vivement.

Oui! Eh bien?

JULOT.

Eh bien! ces lettres... c'est moi, entends-tu bien, c'est moi qui les possède!...

AURÉLIE.

Toi? Mais non, tu me trompes... c'est ma sœur, c'est Émile Aublet qui les ont ces lettres, puisqu'ils m'en ont menacée.

JULOT.

C'est des frimeurs!

AURÉLIE.

Comment aurais-tu pu te les procurer? Elles étaient sous scellés et c'est pour les avoir volées qu'Élise a été arrêtée.

JULOT.

C'est moi, qui avais levé les scellés, bécassine !

AURÉLIE.

Quoi ! le vol commis chez Aristide !

JULOT.

J'en rougis ; mais c'était moi.

AURÉLIE.

Alors vrai ? Tu les as ?...

JULOT.

Elles sont en lieu sûr !... parce que, comme je connais les saints, je les honore. Et j'ai pris mes précautions pour que tu ne me fasses pas retomber entre les griffes de ton vieux !... Oh ! ce vieux-là, je l'ai-t-y dans le nez.

AURÉLIE.

Veux-tu me les rendre ?

JULOT.

Ecoute, Lili ! Voici ce que je viens d'imaginer... tu allais fuir cette maison ; ne nie pas. T'as le trac ! Eh bien, ne change rien au programme. Seulement, c'est avec moi que tu vas jouer la fille de l'air.

AURÉLIE.

Avec toi ?

JULOT.

Oui, je veux que tu sois à moi, un jour encore, tout un jour. Après quoi, je te remets les pattes de mouche à l'Aristide, et tu reviens confondre tes calomniateurs aux yeux de ton brutal mari, qui tombe à tes pieds et te demande pardon d'avoir pu, un instant, ajouter foi aux calomnies d'un tas de jaloux de son bonheur et de sa réussite ! Flammes de Bengale, apothéose !

AURÉLIE.

Fuir avec toi!...

JULOT.

Oui!... j'ai une voiture à la porte; c'est à la campagne que nous allons, il s'agit de ne pas partir les mains vides! parce que s'il te prenait la fantaisie de ne pas réintégrer le domicile conjugal!... On ne sait pas!... Tout est possible. Alors on serait paré!... Allons! ho!... Emballons, et le plus qu'on pourra.

AURÉLIE.

Et, bien sûr, tu me rendras mes lettres?

JULOT.

Je te le jure sur mon honneur!

AURÉLIE.

J'aimerais mieux un autre serment.

JULOT.

Sur le tien, ça ne vaudrait pas davantage. Les serments à quoi que ça sert? On voit bien que tu ne suis pas la politique; mais faisons vite! tes bijoux? et l'argent?

AURÉLIE.

Voici les clefs de ce coffre.

JULOT, ouvrant le coffre à bijoux avec son couteau.

Pas besoin avec une serrure comme celle-là, ça saute comme un rien! des billets!... bonne affaire... faut toujours avoir du papier dans ses poches! Qu'est-ce qu'il y a là-dedans... des croix?...

AURÉLIE.

Celles du capitaine!...

JULOT.

Laissons-lui ça... le pauvre homme a droit à tous nos égards !...

On entend frapper au dehors dans la rue — un silence. On entend frapper de nouveau.

TÉNARD, à la cantonade.

Ouvrez donc, tonnerre de Dieu ! puisque je vous dis que c'est moi !...

AURÉLIE.

Lui !...

JULOT.

Hein !... Tu vois qu'il n'était que temps !...

AURÉLIE.

Fuyons !...

JULOT.

Sois tranquille, je ne tiens pas non plus à me rencontrer avec ce porc-épic !...

AURÉLIE.

Par cette porte, viens ! viens vite !...

JULOT.

Enlevé, c'est pesé.

Ils sortent à gauche, premier plan.

SCÈNE IV

LE CAPITAINE, JULIE.

TÉNARD, entrant de droite, faisant de furieux moulinets.

Vous dormez donc comme des souches ici ?

JULIE, *à moitié vêtue.*

Dame, monsieur, à cette heure !...

TÉNARD.

Assez !... Avance à l'ordre !

JULIE.

Surtout, ne parlez pas si fort, monsieur, vous allez réveiller madame.

TÉNARD, *parlant un peu plus bas.*

Alors, elle est là?...

JULIE.

Oui, monsieur; je viens tout à l'heure d'aider madame.

TÉNARD, *la fait descendre.*

Assez ! Il y a eu une soirée ici ?

JULIE.

Oui, monsieur.

TÉNARD.

Quel monde ?

JULIE.

Beaucoup de monde ! Oui, monsieur.

TÉNARD.

Je te demande quel genre de monde.

JULIE.

Celui que madame a coutume de recevoir... magistrats, officiers...

TÉNARD.

Et le vieux ? le Président Mathieu des Taillis y assistait-il ?

JULIE.

Je crois bien, monsieur.

TÉNARD.

Pourquoi dis-tu, je crois bien ?

JULIE.

Mais, monsieur...

TÉNARD.

Réponds, mille tonnerres ?

JULIE.

Mais je ne sais pas moi, monsieur...

TÉNARD.

Tu ne sais pas ?

JULIE.

Moins haut, monsieur, madame dort.

TÉNARD.

C'est juste ! nous causerons demain... Va te coucher.

JULIE.

Oui, monsieur. (A part.) Je le disais bien que tout ça finirait mal !

Elle sort à droite.

TÉNARD, se promenant de long en large.

Stupide !... idiot !... Ces lettres anonymes ! Et pourtant, quand j'ai reçu celle-ci, j'ai cru que ma tête allait éclater !... Enfin !... me voilà revenu de cent vingt lieues, sur quelques lignes griffonnées, sans doute par quelque femme jalouse. Et on me cite des noms, encore... M. Mathieu des Taillis !... Mon protecteur ! cet homme de bien qui a su reconnaître en moi, les qualités exceptionnelles méconnues jusqu'ici !... Ma femme me tromper avec lui !... Ma pauvre Aurélie, qui est là, qui dort sans se douter !... vieille buse que je suis !... que va-t-elle penser lorsqu'elle va me voir ici, moi qu'elle croit si loin de Paris ?... Elle grondera !... Enfin elle finira bien par pardonner... (Il se dirige vers le lit, le jour parait peu à peu.) Parbleu elle dort. (Il soulève le rideau de l'alcôve.) Tiens !... Elle n'y est pas !... que signifie ?... le lit pas défait ! Où est-elle ? que disait donc cette fille ?... Il est impossible que... (Il sonne.) Ah ça ! ces lâches dénonciations auraient-elles dit vrai ?.... Oh ! je perds la tête ! (A Julie, qui entre.) Où est ta maîtresse ?

JULIE, désignant l'alcôve.

Mais, monsieur, je vous l'ai dit.

TÉNARD.

Tu mens, tu sais, tu dois savoir où elle est.

JULIE.

Monsieur, je vous jure !

TÉNARD.

Pourquoi n'est-elle pas ici ?... Oh ! il a dû se passer quelque chose de grave !... Allons, réponds !...

JULIE.

Dame, monsieur, on m'a dit que le bal avait pris fin, parce que madame avait été insultée par une chanteuse américaine qui était venue là, tout d'un coup, et même que cette chanteuse était la sœur de madame !..

TÉNARD.

Sa sœur ?

JULIE.

Oui, monsieur.

TÉNARD.

Qu'est-ce que ça veut dire ? Mais savais-tu qu'elle dût s'absenter ?...

JULIE.

Non, monsieur.

TÉNARD.

N'a-t-elle pas une amie chez qui elle se rend de préférence parfois?

JULIE.

Monsieur, je vous répète, que j'ai quitté madame ici, il y a une heure à peine.

TÉNARD.

Tonnerre!... Est-ce qu'on se joue de moi?... Encore une fois, tu ne veux pas me dire où est madame de Marby?

SCÈNE V

LES MÊMES, MADELEINE.

MADELEINE, entrant de gauche, premier plan.

Moi! Je vas vous le dire, mon capitaine!

TÉNARD.

Quelle est cette femme?... Que faites-vous ici?... comment êtes-vous entrée?...

MADELEINE.

Par cette porte que votre femme a laissée ouverte en s'enfuyant avec son amant!...

TÉNARD.

Misérable! Vous osez dire?...

MADELEINE.

Mon capitaine, quand la mère Madeleine Huchet a quelque chose à dire à quelqu'un, elle ne s'y prend pas à deux fois!... Ne vous étonnez pas de l'heure indue, je vous guettais! Quant à la disparition de votre femme, c'est justement de ça, que j'ai à vous parler.

TÉNARD.

Vous savez où elle est?...

MADELEINE.

C'est mon neveu, costumé en cocher qui conduit le fiacre qui l'emmène.

TÉNARD.

Alors, venez!...

MADELEINE.

Minute!... Renvoyez votre femme de chambre et nous allons nous expliquer!... Soyez sans crainte, vous retrouverez la coupable, je vous le jure! Et sans courir.

TÉNARD, fait signe à Julie qui sort par la droite.

Ah! mon Dieu! mon Dieu!... Qu'est-ce que cette femme va m'apprendre?... Allons, va-t'en!...

Julie sort par la droite.

MADELEINE.

Maintenant, causons!... Et avant tout, mon capitaine, rappelez-vous que vous êtes un homme d'honneur, un vieux soldat; car ce que je vais vous apprendre est grave!...

TÉNARD.

Je vous écoute!

Et tombe sur le fauteuil.

MADELEINE.

Vous avez reçu une lettre anonyme vous rappelant à Paris, n'est-ce pas, et vous disant que madame de Marby vous trompait?...

TÉNARD.

Oui!... et si je tenais le lâche...

MADELEINE.

Cette lettre c'est moi qui vous l'ai fait écrire...

TÉNARD.

Vous?... C'est vous?

MADELEIEE, se campant devant lui.

Moi, Madeleine Huchet, en personne! je l'aurais signée, que ne me connaissant pas, ça n'aurait avancé à rien!... Et puis c'est bête, mais, on croit plutôt à une lettre anonyme! Et à tout prix, je voulais que vous soyez ici à cette heure, pour vous dire toute la vérité sur la créature à laquelle vous avez accordé une aveugle confiance, et sur un crime auquel vous avez participé sans le savoir.

TÉNARD.

Un crime!... J'ai participé à un crime, moi?

MADELEINE.

Oui, mon capitaine! Et d'un mot vous allez comprendre! Emile Aublet est mon neveu!...

TÉNARD.

Ah! Emile Aublet! le voleur!... Vous osez me parler de ce misérable?

MADELEINE.

Ce misérable est une victime, monsieur de Marby!

TÉNARD.

Une victime?

MADELEINE.

Je vous en fournirai les preuves. Vous rappelez-vous ce que le malheureux déclara au tribunal?

TÉNARD, il se lève.

Ne répétez pas ici ces infamies, ou je ne réponds plus de ma colère !

MADELEINE.

Oui! Oui! je sais bien que ça n'est pas amusant à entendre ; mais les cinq ans de bagne qu'il a faits n'étaient pas non plus amusants à faire !... Pourtant il les a faits !... Et il faut m'écouter, mon capitaine, et vous contenir le plus que vous pourrez.

TÉNARD, à lui-même.

Cette femme me fait peur !

MADELEINE.

Emile Aublet a dit vrai quand il a déclaré qu'il était l'amant de madame de Marby... et c'est pour la sauver de votre colère qu'il a consenti à se laisser arrêter comme voleur !...

TÉNARD.

Taisez-vous, malheureuse!

MADELEINE.

Il était son amant, monsieur de Marby, et je viens aujourd'hui qu'il est libre vous fournir les preuves de l'infamie de votre femme!...

TÉNARD.

Des preuves !... c'est la seconde fois que vous me parlez de preuves. Ne me faites pas mourir d'impatience, donnez-les moi ! mais donnez-les moi donc !

MADELEINE.

Vous ne voulez pas mourir d'impatience, et vous allez peut-être mourir de douleur.

TÉNARD.

Pas avant de l'avoir tuée, elle, si vous m'avez dit vrai !

MADELEINE.

Après la triste affaire dont Aublet fut la victime, un nouveau scandale se passa chez vous. Madame de Marby avait reçu, une nuit, un ami à vous, M. de Farges, il mourut dans ses bras.

TÉNARD.

Vous mentez !

MADELEINE.

Ne sachant comment se défaire du cadavre, elle eut l'horrible courage de le précipiter par la fenêtre en appelant au secours. Et en vous racontant la fable à laquelle vous avez cru !...

TÉNARD.

Ces preuves? Ces preuves?

MADELEINE, après avoir hésité.

Les voici ; je défends la vie et l'honneur de mes enfants.

Elle jette sur la table une liasse de lettres.

TÉNARD.

Qu'est-ce que cela?

MADELEINE.

Les lettres de votre femme à Aristide de Farges !.. Lisez !...

TÉNARD, chancelant, apeuré, va à la table, et prend une lettre au hasard.

Oui, c'est son écriture...

MADELEINE, à elle-même.

Pauvre homme !...

TÉNARD, debout, parcourt les lettres les unes après les autres, laissant échapper des mots lus.

Mon ange adoré !... cette nuit !... Je voudrais que

de notre amour il restât un fils que j'adorerais en souvenir de toi !... Comme nous nous sommes aimés... Mon Aristide! (Il laisse tomber la dernière lettre parcourue.) Ah! mon Dieu ! mon Dieu ! Que vous ai-je fait pour que vous me fassiez tant souffrir?...

Il s'écroule dans les larmes, tombe sur le fauteuil.

MADELEINE, s'agenouillant devant lui.

Pardon, mon capitaine, pardon de tout le mal que je vous fais!...

TÉNARD, se relevant.

Oh! mais je la tuerai! je les tuerai tous! (Madeleine se relève.) Mais vous ne m'avez pas tout dit? Allons, parlez!... Maintenant le grand coup est porté, je puis tout entendre.

MADELEINE.

Un, surtout, a été la cause de tout le mal que cette malheureuse a causé!... son mauvais génie!... Celui qui condamna Emile Aublet, en l'envoyant au bagne. Le Président Mathieu des Taillis!...

TÉNARD.

Mathieu des Taillis?

MADELEINE.

L'homme, auquel vous devez votre situation, à ce qu'on dit du moins.

TÉNARD.

Quoi!... l'on dit?

MADELEINE.

Ce qui semble être, parbleu!... Que vous n'avez obtenu vos faveurs, que parce que votre femme allait les demander pour vous.

TÉNARD, retombe sur le fauteuil.

Ah! c'est trop de honte! Oh! mais je me vengerai! Je me vengerai terriblement... Et alors, on verra que le capitaine de Marby était un honnête homme!... Et qu'il ne peut pas être ridicule!... Ah! l'on a ri de lui! Eh bien! il faudra qu'on pleure!... Comment ce Marby,... ce mari complaisant... a tué les amants de sa femme? a tué sa femme elle-même?... Mais alors c'est donc un homme d'honneur? Ce paillasse, ce Sganarelle? Oui, il avait de l'honneur, mes beaux messieurs... et il en est mort!...

Il tombe la tête sur la table.

MADELEINE.

Monsieur de Marby... écoutez-moi...

TÉNARD, avisant le ruban rouge de sa boutonnière.

Et cela? Cela? dit-on aussi que c'est dans le lit de ma femme que je l'ai gagné?... Est-ce aussi à ses heures d'amour que je dois ce ruban?... Mon Dieu! mon Dieu! pourquoi ne suis-je pas mort le jour où l'on m'accrocha cette croix sur la poitrine? (se levant, il sanglote, puis relevant la tête, il se boutonne jusqu'au col et va à Madeleine.) Vous m'avez dit que vous saviez où elle était, partons.

MADELEINE.

Mais d'abord, il faut que votre femme reconnaisse que mon neveu n'est pas un voleur!... Et vous seul pouvez l'y contraindre!...

TÉNARD.

Elle le reconnaitra.

MADELEINE.

Je veux que sa déclaration écrite, soit signée de

sa main!... Il nous faut cela pour la réhabilitation de l'enfant!...

TÉNARD.

Elle sera signée de sa main, c'est moi qui vous le dis!... maintenant, conduisez-moi!...

MADELEINE.

Venez!...

TÉNARD.

Ah! oui, je les tuerai; je les tuerai tous!

Rideau.

ACTE CINQUIÈME

SEPTIÈME TABLEAU

Le théâtre représente une chambre dans le cabaret de la mère Madeleine. Fenêtre dans le pan coupé de gauche; même côté, au premier plan, une porte; au fond, autre porte; dans le pan coupé de droite, troisième porte. Mobilier sommaire de cabinet particulier dans la Banlieue de Paris, un paravent au fond droite.

SCÈNE PREMIÈRE

AURÉLIE, JULOT. Ils sont attablés au lever du rideau et achèvent de déjeuner.

AURELIE.

Vraiment, je me demande si tout ce qui s'est passé depuis quelques heures, n'est pas un rêve affreux.

JULOT.

Un rêve affreux !... Quand je suis là !... Jamais ! — un doux rêve d'amour, comme dans la « Belle Hélène. »

Chantant.

Ce n'est qu'un rêve,
Un doux rêve d'amour.

AURÉLIE.

Moi, la baronne de Marby ici!... dans cette auberge de banlieue!

JULOT.

Ah! dis donc, ma chatte, tu ne vas pas te laisser repincer par tes idées nègres ; nous sommes à l'abri de ton mari; pour toi ça doit être l'important, veuille donc te consacrer à moi tout entière. Allons, faisons risette tout de suite à ce pauvre Julot d'autrefois.

AURÉLIE, riant.

T'es bête! Sais-tu que nous voilà comme il y a dix ans! tu te souviens, quand la petite ouvrière allait dîner à la barrière Montparnasse, chez Richefeu avec son amoureux!...

JULOT, lui allumant une cigarette qu'elle fume.

Si je m'en souviens!... On mangeait du veau à l'oseille qui était d'un suiffé!... D'abord la mémoire de l'estomac... je l'ai, moi, tu sais.

AURÉLIE.

C'est loin!...

JULOT.

La barrière Montparnasse?... Oh! avec l'omnibus!... Tu m'aimais rudement à cette époque-là!... T'avais du goût!

AURÉLIE.

Et tu me battais!...

JULOT.

Parce que je t'aimais!... Les femmes, vois-tu, c'est comme les pendules, ça a besoin d'être remonté. Mais tu ne manges pas, Lili!...

AURÉLIE.

Je n'ai pas d'appétit.

JULOT.

Ah! oui, les émotions! Moi, les émotions, c'est de l'apéritif; je trouve que de manger ça soulage, surtout quand on sait qu'il y a de l'amour comme dessert.

Il lui baise la main.

AURÉLIE.

Pas de bêtises, hein! J'ai écrit à Mathieu, dans une heure il doit être ici!...

JULOT, *se levant.*

Si on allait faire un tour de ballade en attendant le vieux?

AURÉLIE.

Je ne veux pas qu'il te voie avec moi!...

JULOT.

C'te bêtise!... On connait la civilité! Quand il débarquera, j'irai acheter du tabac.

AURÉLIE.

Allons!

JULOT.

Non, par cette porte, elle donne sur le jardin.

Ils sortent par la gauche, premier plan.

SCÈNE II

MADELEINE, ÉLISE et OLIVIER DE MAYRAN.

MADELEINE, *paraissant au fond.*

Plus personne? Julot l'emmène, parfait; monsieur Olivier, vous pouvez entrer, la place est libre.

OLIVIER.

Merci. Où est le capitaine de Marby?

MADELEINE.

Dans une chambre au-dessus. Toute la matinée je l'ai entendu aller et venir, parler tout seul, jurer, sacrer comme un païen! puis des sanglots! Ah! le pauvre homme a rudement souffert!

OLIVIER.

Il va se passer ici des choses graves! Nous sommes venus chez vous, ma bonne Madeleine, parce que nous avons confiance dans votre solide amitié.

MADELEINE, débarrasse la table et range les assiettes sur le buffet à droite, puis met dessus plume et encre.

Et vous faites bien, mon commandant. Et puis, est-ce que ce n'est pas pour mon pauvre neveu que je travaille? Il me faut la signature de cette créature! (Mouvement d'Élise.) C'est vrai que c'est votre sœur, madame!.. Mais je ne peux pourtant pas dire que c'est un ange! Oui, il faut qu'elle signe ce que son mari nous a déjà signé, lui!... puisque mon pauvre Aublet ne veut épouser mon Annette, que lorsqu'il aura un nom réhabilité à lui donner!... Et pourtant, ils s'adorent, ces petiots, que ça fait de la peine de les voir s'attendre!...

ÉLISE.

Et vous êtes certaine que le Président Mathieu des Taillis viendra?

MADELEINE.

Julot m'a dit qu'elle lui avait écrit, et tout fait supposer qu'il ne laissera pas son adorée dans le pétrin!.. il viendra, au moins, savoir de quoi il retourne!... Mais je vous laisse, et vais vous amener le capitaine! Il ne sait pas que mademoiselle Élise est là, ça va joliment le surprendre!...

Elle sort par le fond.

SCÈNE III

ÉLISE, OLIVIER.

ÉLISE.

Olivier, si M. de Marby s'est montré autrefois bien dur pour moi, il expie cruellement aujourd'hui ses torts.

OLIVIER.

Eh! quoi!... vous pouvez oublier qu'il vous a brutalisée, jetée à la rue!...

ÉLISE.

Oui. Depuis que je sais qu'il pleure, qu'il souffre, toute haine a disparu de mon cœur. Et puis, je suis si heureuse, mon ami, d'avoir pu me disculper à vos yeux, que j'oublie le passé pour ne me souvenir que du présent!

OLIVIER.

Allons, puisque vous le voulez... moi aussi, je pardonnerai à cet homme tout le mal qu'il vous a fait!...

MADELEINE, reparaissant au fond.

V'là le capitaine!... Le pauvre homme, il fait peine à voir... (Élise remonte à droite pour se dérober à ses regards.) Venez, mon capitaine.

SCÈNE IV

LES MÊMES, TÉNARD, introduit par MADELEINE.

TÉNARD, vieilli, pâle, accablé, les cheveux blanchis, les vêtements en désordre.

Où me conduisez-vous?... Est-ce vers celle que vous m'avez promis de m'amener?

MADELEINE.

Oui! elle va venir ; mais auparavant, il y a ici quelqu'un qui a comme qui dirait, à vous entretenir des choses du passé.

TÉNARD.

Quelqu'un?...

OLIVIER, s'avançant.

Moi, monsieur.

TÉNARD.

Mais... je ne vous connais pas, monsieur.

OLIVIER.

Je suis le marquis Olivier de Mayran, lieutenant de vaisseau, et j'ai l'honneur de vous présenter celle qui sera bientôt ma femme.

TÉNARD, sans comprendre.

Monsieur...

ÉLISE, s'avançant.

Ne me reconnaissez-vous pas, Hilaire?

TÉNARD, lève les yeux sur Élise.

Voyons!... Je ne m'abuse pas... c'est... c'est... Élise!

MADELEINE, à elle-même.

Une scène de famille!... ça ne me regarde pas! Je vas chercher la gueuse.

Elle sort par la gauche.

TÉNARD.

J'ai été injuste, cruel pour celle qui, seule, à mon foyer, méritait mon affection!... Ah! depuis que je sais ce qu'était cette créature en qui j'avais mis toute ma confiance, je me suis jugé! Et, si cela peut racheter les torts que j'ai eus envers vous, Élise, le vieux soldat qui n'avait jamais versé une larme, depuis qu'il était homme, a beaucoup pleuré depuis hier!... Quelques heures ont suffi pour faire de moi un vieillard!... C'est fini, je le sens..... la machine est détraquée. Et je te demande pardon avant de mourir, pardon à genoux!

Il va pour s'agenouiller. — Lise s'élance vers lui et l'en empêche.

ÉLISE.

Hilaire!... Vous avez beaucoup souffert! Je vous aime et je vous pardonne!...

TÉNARD.

Ah! tu es bonne!... Oui, tu es bonne!

Elle est dans ses bras.

OLIVIER.

Monsieur de Marby, voulez-vous me faire l'honneur de me donner la main?

TÉNARD.

La main?... Mais je ne puis plus la tendre aux

honnêtes gens, moi qui maintenant passe pour un mari devant ses grades aux crimes de sa femme! Ah! c'est cela!... Oui, c'est cette pensée qui me tuera! Comprenez-vous bien?.. Moi un... infâme!.. (Il tombe sur la chaise à droite.) Vous voyez, je ne porte plus ma croix! et j'ai envoyé ma démission au Ministre de la guerre!

OLIVIER.

Personne n'ignore que le capitaine Ténard de Marby est incapable d'avoir forfait à l'honneur!... Vous êtes une des victimes de ce misérable Mathieu des Taillis, et c'est sur lui que toute la honte doit peser, que toute votre colère doit retomber.

TÉNARD.

Sur lui et sur elle!... oui, sur tous les deux.

ÉLISE.

Hilaire!... j'ai oublié!... j'ai pardonné!... Pardonnez à votre tour à celle qui fut plus insensée que coupable!... Elle n'a fait qu'obéir à ce monstre!

TÉNARD, se relevant, terrible.

Moi! Pardonner à celle qui a couvert mon nom d'opprobre! Jamais! Je ne me sens pas la force de ce sacrifice! Non, vois-tu... Je ne pourrais pas! Je ne pourrais pas!

Il retombe accablé sur un siège. — Olivier et Élise s'empressent autour de lui.

SCÈNE V

LES MÊMES, MADELEINE, puis AURÉLIE.

MADELEINE, rentrant par la gauche.

Pardon, excuse, si je vous dérange, mais faut que je tienne ma promesse.

OLIVIER.

Votre promesse ?

MADELEINE.

Oui! J'ai dit au capitaine que je le mettrais en présence de sa femme, elle est là!

TÉNARD, se levant.

Elle est là!...

ÉLISE.

Hilaire!...

MADELEINE.

Ah! tant pis!... Faut qu'elle signe la réhabilitation de mon pauvre Aublet. (A la cantonade.) Si madame veut se donner la peine d'entrer... C'est ici qu'est la personne qui l'attend.

AURÉLIE, entrant vivement.

Merci !.. Ah !

SCÈNE VI

TÉNARD, AURÉLIE, ÉLISE, OLIVIER, MADELEINE.

Aurélie qui se trouve tout à coup devant Ténard, debout

les bras croisés sur la poitrine, pousse un cri terrible et veut fuir. Mais Madeleine est derrière elle, et lui barre la route.

TÉNARD.

Ma vue vous fait donc fuir, maintenant ?

AURÉLIE.

Vous ! Vous !..

TÉNARD.

Allons ! ne tremblez pas ainsi ! C'est vous condamner vous-même, avant que j'aie prononcé votre sentence !

AURÉLIE, tentant de reprendre son sang-froid.

Mon ami...

TÉNARD.

Regardez-moi donc si vous en avez encore l'audace !.. Reconnaissez-vous l'homme qui vous confia son nom, honoré de tous ?

AURÉLIE.

Ecoutez-moi !

TÉNARD.

Depuis dix ans, tu me trompes, misérable femme ! Depuis dix ans, je suis un objet de mépris et de risée pour ceux qui m'entourent ! Je t'aimais, je t'avais prise pauvre, ne te demandant qu'un peu d'amitié et de respect... et tu me trahissais sans pudeur, sans pitié !..

AURÉLIE, tombe à genoux.

Grâce !

TÉNARD.

C'est, d'abord, à cette enfant que tu m'avais appris à haïr et que tu as voulu perdre, qu'il faut demander grâce !

AURÉLIE.

Élise !

TÉNARD.

C'est au neveu de cette femme, c'est au malheureux Émile Aublet, que tu as fait envoyer au bagne par ton vieil amant, alors que c'est toi qui devrais y être, alors que c'est lui qui devrait porter la casaque du forçat ! Lui ce magistrat indigne, qui me faisait épouser sa maîtresse! oui, sa maîtresse... sa maîtresse !

AURÉLIE.

Que faut-il que je fasse pour me faire pardonner tant de crimes ?

TÉNARD, à Madeleine.

Parlez, madame !

MADELEINE.

Voici une déclaration qui constate qu'Émile Aublet s'était introduit chez vous, non pour voler, mais parce qu'il était votre amant ! Vous n'avez qu'à la signer et mon neveu et moi, vous pardonnerons.

AURÉLIE.

Signer cela, jamais !

TENARD.

Pourquoi donc ? je l'ai bien signé, moi !

AURÉLIE.

Vous ?..

TÉNARD.

Oui !.. moi, j'ai eu ce courage !

AURÉLIE, sanglotant tombée sur la chaise près de la table à droite.

Quelle honte !..

TÉNARD.

Vous avez raison, madame... quelle honte !.. mais la honte aurait dû naître quand vous... commettiez ces crimes ! Allons ! Votre nom ! le mien !.. vous allez le mettre ici !.. (*Sur un mouvement d'Aurélie.*) Je vous l'ordonne ! (*Elle se relève, cherche un appui autour d'elle, puis retombe assise.*) Signez... mais signez donc... Je vous l'ordonne ! (*Elle signe.*) Bien !.. (*Il rend le papier à Madeleine.*) Maintenant, à toi de parler, Lise !..

ÉLISE.

Elle demande grâce !.. Elle se repent, elle souffre !.. Je lui pardonne.

OLIVIER.

Bien ! bien, Lise !

TÉNARD, *menaçant.*

Et maintenant, c'est à moi...

MADELEINE, *vivement.*

C'est peut-être pas elle la vraie coupable, monsieur, c'est peut-être celui qui l'a guidée.

TÉNARD.

Ah ! oui, le Mathieu des Taillis ! Ah ! celui-là, je m'en charge !

MADELEINE, *à la fenêtre à gauche.*

Le voilà ! c'est lui, dans le jardin.

TÉNARD.

Lui !.. (*A Aurélie.*) Vous aviez donné rendez-vous ici à cet homme ?.. Allons, répondez, je le veux !

AURÉLIE, *se courbant.*

Oui !

TÉNARD, la main levée. Olivier et Elise le retiennent.

Malheureuse !

AURÉLIE.

Ah !

ÉLISE.

Hilaire !

TÉNARD, plus calme.

Au fait, tant mieux ! Vous allez le recevoir ici, votre amant.

AURÉLIE.

Quoi ! Vous exigez ?...

TÉNARD, à Madeleine.

Introduisez M. Mathieu des Taillis !...

MADELEINE.

Qu'allez-vous faire ?

TÉNARD, furieux.

Ce que je vais faire ! (Plus calme.) Ne craignez rien... une simple explication... Je serai calme, je vous le promets.

MADELEINE.

Allons !

Elle sort par la gauche.

TÉNARD.

Vous, mes amis, entrez là... (Il indique la droite.) je vous en prie... Moi je reste avec madame.

ÉLISE.

Hilaire, vous nous avez promis...

TÉNARD.

Regardez-moi, ai-je l'air d'un homme en colère ?..

mais non... j'ai retrouvé tout mon sang-froid... je suis calme, très calme. Allez!... Allez!...

ÉLISE, en sortant.

Il me fait peur!...

TÉNARD.

Monsieur Olivier de Mayran... peut-être tout à l'heure aurai-je besoin de vous et d'un de vos amis.

OLIVIER.

Je vous comprends! Capitaine de Marby, vous pouvez compter sur moi!... Venez, Lise! venez... il le faut.

Ils sortent par la droite.

SCÈNE VII

TÉNARD, AURÉLIE, MATHIEU DES TAILLIS MADELEINE.

TÉNARD.

Vous, madame, vous savez ce que j'attends de vous...

AURÉLIE, suppliante.

Hilaire...

TENARD.

Plus un mot!

Il remonte à droite derrière le paravent.

MADELEINE, à Mathieu, par la gauche.

Entrez, monsieur, cette dame vous attend.

Elle sort, même porte.

MATHIEU, s'élançant.

Chère amie, que se passe-t-il? Pourquoi ce billet mystérieux? Ce rendez-vous singulier dans un cabaret de banlieue?... Qu'est-il arrivé de si grave? Mais parlez donc!... Vous vous taisez!..

TÉNARD descend en scène.

Madame se tait, mais moi je vais vous répondre.

MATHIEU.

Ténard ici! mais... je vous croyais...

TÉNARD, ricanant.

A mon poste. Là où vous m'aviez envoyé! n'est-ce pas?

MATHIEU.

Vous dites?

TÉNARD.

Je dis que je sais que vous êtes l'amant de ma femme.

MATHIEU.

Il est fou!...

TÉNARD.

Monsieur le président, nous allons régler nos comptes!

MATHIEU.

Nos comptes? Ah! oui, je comprends, vous trouvez que je n'ai pas assez fait pour vous?... Qu'exigez-vous encore?... Allons... dictez vos conditions, puisque je suis en votre pouvoir.

TÉNARD, terrible à Aurélie.

L'entendez-vous, misérable, cet homme, ce monstre, qui croit avoir acheté le droit de m'insulter!... Mon honneur de soldat, qu'en as-tu fait, bandit?

MATHIEU, ironique.

Votre honneur!.

TÉNARD.

Oui... jugeant les autres d'après lui, le lâche, il a cru que j'étais un de ces maris complaisants comme il a dû en rencontrer beaucoup sur sa route!... n'est-il pas vrai, monsieur le Président?... vous avez la fortune et la toute-puissance!... et vous pensez, vous et les vôtres, qu'avec de l'or et des faveurs on achète tout!.. Ce que vous feriez vous-même, vous croyez les autres capables de le faire! Ah! je sais bien que vos pareils n'hésitent pas, pour un sourire du maitre, pour un titre, pour une poignée d'or à jeter dans son lit, la femme qui porte leur nom... Mais regardez-moi bien en face, monsieur Mathieu des Taillis... ai-je l'air d'un de ces maris-là, moi!... J'ai pu être un niais, une brute, un Georges Dandin... jamais, vous m'entendez bien, jamais je n'ai été un infâme!...

MATHIEU.

Vous acceptiez pourtant mes bienfaits!

TÉNARD.

Vos bienfaits!... oui... cela s'appelle ainsi!... Et dire que le monde pense comme vous... Naïf que j'étais... imbécile! imbécile! Je croyais que vingt ans passés sur les champs de bataille, que chaque grade conquis un à un, ma croix payée de mon sang, oui, je croyais que cela suffisait à créer des titres à la reconnaissance de mon pays... Je croyais que votre maître récompensait le soldat loyal et brave... Ah! bien, oui!... Cette place n'était que le paiement des nuits, dont la misérable qui porte mon nom, avait réjoui vos alcôves!... Canaille! canaille!... canaille!... tiens... Je t'arrache cette décoration que tu déshonores, comme tu déshonores la robe de magistrat que tu portes!... Je frappe ton visage d'hypocrite! (Il le soufflette.) Et maintenant que je t'ai insulté, je veux bien te faire l'honneur de me battre avec toi! Allons! viens!

MATHIEU.

Me battre avec un soldat ivre!...

TÉNARD.

Tu refuses!... Tu es donc encore plus lâche que je ne le croyais!... (Il tire son revolver de sa poche.) Eh! bien, tu as raison, Mathieu des Taillis!... On ne se bat pas avec des gens de ta sorte... On les tue!...

Il tire.

MATHIEU, tombant.

Assassin!... ah!

Il expire.

TOUS, entrant.

Ah!

OLIVIER.

Qu'avez-vous fait?

TÉNARD, paraissant sortir d'un rêve.

Hein?... quoi... que me veut-on?... J'ai fait... (ses regards tombent sur le cadavre de Mathieu.) J'ai tué un homme parce que cet homme était l'amant de ma femme!... j'ai fait justice.

MADELEINE.

Et il a eu raison!... Il n'y a pas un jury qui le condamnera!

TÉNARD, à Aurélie.

Quant à vous, je vous fais grâce de la vie!... Vous entrerez dans un couvent!...

MADELEINE.

Dans un couvent!... Je parie ce qu'on voudra qu'elle y trompera le bon Dieu!

Rideau.

FIN

Imprimerie Générale de Châtillon sur-Seine. — Pichat et Pepin

www.ingramcontent.com/pod-product-compliance
Lightning Source LLC
Chambersburg PA
CBHW070406090426
42733CB00009B/1557

* 9 7 8 2 0 1 1 8 9 8 6 9 2 *